NATTIER

DU MÊME AUTEUR

GRANDES ÉDITIONS ILLUSTRÉES

LOUIS XV ET MARIE LECZINSKA.

LOUIS XV ET MADAME DE POMPADOUR.

LA DAUPHINE MARIE-ANTOINETTE.

LA REINE MARIE-ANTOINETTE.

LES FEMMES DE VERSAILLES.

NATTIER, PEINTRE DE LA COUR DE LOUIS XV.

F. BOUCHER, PREMIER PEINTRE DU ROI.

J.-H. FRAGONARD.

MADAME VIGÉE-LE BRUN.

LES JARDINS DE VERSAILLES

MADAME SOPHIE DE FRANCE

Musée de Versailles

PIERRE DE NOLHAC

NATTIER

PEINTRE DE LA COUR DE LOUIS XV

PARIS

GOUPIL & Cie, ÉDITEURS-IMPRIMEURS

MANZI, JOYANT & Cie, ÉDITEURS-IMPRIMEURS, SUCCESSEURS

24, BOULEVARD DES CAPUCINES

1910

NATTIER

PEINTRE DE LA COUR DE LOUIS XV

Il ne faut pas juger Jean-Marc Nattier sur les œuvres médiocres, trop répandues, qui portent son nom dans beaucoup de musées et dans quelques collections particulières. Depuis qu'il est à la mode de posséder un Nattier, comme il l'était autrefois d'avoir un Téniers ou un Raphaël, les « Nattier » se sont multipliés et courent le monde. La moindre vente de tableaux présente au catalogue ce nom redevenu fameux, et, bien entendu, c'est toujours pour un portrait de femme célèbre, une « Madame de Châteauroux » ou une « fille de Louis XV ». Ces illusions flattent des vanités ou servent des intérêts ; mais ce qui doit y perdre, c'est assurément la gloire de l'artiste.

Peut-être convient-il, à présent que l'engouement est au comble, de peser les titres de cette gloire, de la réduire à sa part équitable et aussi de mettre en garde le public contre l'injuste réaction qui ne peut manquer de venir. Sans approcher des plus grands, Nattier est un maître incontestable; il a des qualités de beau peintre et des charmes qui ne sont qu'à lui. Sans doute, on ne doit demander à « l'élève des Grâces » que ce qu'il peut donner; mais on est émerveillé de la valeur de son œuvre, si on veut bien ne l'étudier qu'en ses meilleurs morceaux.

Pour sa renommée, deux fois née de la mode et exposée à périr de nouveau par elle, l'abondante production qu'on lui attribue devient un danger. On s'habitue trop vite à l'apprécier sur ces copies alourdies, ces répétitions d'atelier, où ne se retrouve plus la caresse délicieuse du pinceau, où l'on demeure surtout frappé par le caractère conventionnel, et parfois puéril, d'une composition que l'habileté de la main ne soutient plus. La mémoire en reste obsédée devant les meilleurs ouvrages; on est porté à prendre pour de simples réussites ceux qui donnent, en réalité, la moyenne véritable du peintre.

Tel critique de presse ou de salon, aussi sévère pour Nattier qu'un contemporain de Louis David, et dont le dédain se justifie par les raisons les mieux déduites, serait désarmé et conquis, si on lui présentait, réunies en une exposition idéale, un choix d'œuvres de la bonne période de l'artiste. Quel préjugé d'école, quelle discussion technique résisterait à cet enchantement des yeux? On ne lutte pas contre le plaisir qu'il nous donne, on ne se défend point contre les séductions de ce pinceau adroit et nonchalant, qui connaît toutes les ruses d'un métier charmant et quelques-unes des ressources de la grande maîtrise.

Ce n'est pas que Nattier n'ait fait en sa vie, et même en son beau temps, de mauvaises toiles. On en trouve de dûment signées, bien authentiquées par la date presque toujours inscrite sur ses œuvres directes, et qui n'en sont pas moins de fâcheux morceaux. Ces erreurs tiennent à des circonstances particulières, que nous aurons l'occasion d'expliquer. Mais, toutes les fois que Nattier a travaillé consciencieusement et suivant son génie propre, il a réalisé des portraits qui nous font pleinement partager la joie qu'il eut à les peindre.

Quelques-uns sont véritablement admi-

rables et supportent des voisinages qui pour-
raient être accablants. Ils rivalisent même
avec cette surprenante école anglaise qui leur
doit beaucoup, qui les dépasse souvent, mais
qui n'atteint jamais peut-être au charme des
plus exquis. Y a-t-il, en vérité, grand nombre
de portraits anglais qu'on puisse garder continuellement sous les yeux, sans la moindre
lassitude, pendant des jours et des années, et
dont l'attrait ne doive jamais s'épuiser? Le cas
se rencontre pour Nattier. Il est tel de ses
modèles avec qui la conversation ne s'arrête
point, qui n'est jamais à court d'esprit ou de
sentiment, auprès de qui on passerait sa vie
sans brouille sérieuse et sans souffrir de
l'ennui.

Beaucoup de familles françaises gardent
avec respect, comme un trésor d'art et de
souvenir, le portrait d'une belle aïeule, em-
bellie encore par l'artiste et immortalisée pour
ses descendants, à l'heure favorable de sa
jeunesse, au moment du mariage ou dans
l'épanouissement d'une première maternité.
N'y cherchons pas la tenue sévère de l'œuvre
qu'eût conçue Hyacinthe Rigaud, ni le naturel,
supérieur à toute autre grâce, qu'eût traduit

en sa probité souveraine le bon Chardin. C'est
une Hébé ou une Aurore sur les nuées de
l'Olympe, c'est une Naïade couchée noncha-
lamment parmi les roseaux ; et voici des accessoires étranges, une coupe où boivent les
aigles, une torche enflammée tenue par de jolis
doigts, une urne penchée d'où le flot s'é-
chappe... De tels objets n'ont jamais fait partie
du mobilier d'un château de province, ni orné
un logement à la Cour ; tout au plus les vit-on
en carton doré au Théâtre des Petits-Apparte-
ments.

Déjà Cochin, homme de bon sens et d'esprit
ironique, se moque doucement des caprices de
ses contemporaines. Il raille ces ajustements
qui ne sont attachés à rien et « où les dames
sont presque nues », ces « habillements qui
n'en sont pas », ces coiffures invraisemblables
de pampres ou d'épis : « Ce qui engage à se
faire peindre, dit-il, est le désir d'être reconnu
dans son portrait ; or, rien ne serait plus
capable de détruire la ressemblance qu'une
coiffure ou des vêtements imaginaires. »
D'autres coutumes fâcheuses sont encouragées
par les peintres, et d'abord la poudre, qui
donne à tout le monde des cheveux blancs :
« Quelle raison peut avoir engagé les personnes

les plus jeunes et les plus aimables à porter les marques caractéristiques de la vieillesse et à s'en croire parées ? Comment penser que les blondes aient pu se résoudre à se priver de la beauté naturelle de leur chevelure, et les brunes de l'éclat dont ce contraste agréable fait briller leur teint ? » Cochin ne comprend pas davantage « ce coloris rouge foncé qu'on voit dans presque tous les portraits de femmes ; il s'étonne qu'elles croient s'embellir « avec cette effroyable tache cramoisie... »

Ne médisons pas cependant du goût de l'aïeule qui, sous son rouge, nous regarde en souriant et semble narguer notre critique. Elle n'a point eu si grand tort de s'adresser au peintre à la mode, et de lui recommander, au cas improbable où ce fût nécessaire, de la peindre jolie. Nous acceptons volontiers, soumis aux enchantements de son sourire, la fiction un peu prétentieuse qu'elle nous voulut imposer. Cette transfiguration en déesse, qu'elle a souhaitée, et que peut-être lui suggéraient les madrigaux d'un Bernis ou d'un Boufflers, l'artiste la lui assure jusqu'à nous. Grâce à lui, un rêve féminin, vieux d'un siècle et demi, vit devant nos yeux, en sa fantaisie singulière, sur la toile au cadre doucement fané. Elle instruit de petits-neveux à ne point oublier tout à fait les traditions du culte galant et des empressements polis ; elle intéresse des jeunes femmes, qui comparent à cette beauté paisible, sûre d'elle-même, adorée longuement au même lieu, leur grâce nerveuse et rapide qu'use ou détruit le siècle de l'électricité et du voyage.

Tentons de comprendre l'enseignement que donnent la grande dame de Nattier et son sourire toujours pareil, qui traverse les années sans se détendre et nous tient encore sous son prestige. Trop souvent sans doute, une sensualité un peu monotone y mêle une inquiétude sans mystère. Diderot s'en choquait volontiers : « Des yeux pleins de volupté, écrivait-il, pour ne rien dire de plus. » Il est vrai que la plupart de ces visages révèlent un sens particulier du bonheur et ce goût de plaire que montrèrent entre toutes les Françaises de ce temps. Cette indiscrète confidence n'enlève rien à la sympathie que Nattier nous inspire pour elles. La survivance de leur grâce émeut parfois le poète plus que la vie elle-même, plus que la beauté palpitante sous ses yeux. N'est-ce point la preuve faite du talent du peintre dans l'ouvrage subtil du magicien ?

Une vision aussi personnelle de l'idéal fémi-

nin aurait suffi à mettre en haut rang cet artiste,
et l'artifice presque continuel auquel il eut
recours servit plutôt à le diminuer. Ses mytho-
logies surannées nous intéressent moins que
quelques portraits familiers : une jeune fille
en robe fleurie avec un simple ruban dans les
cheveux, une piquante bourgeoise de Paris
accoudée sur un bras potelé, une bonne reine
en fanchon de dentelle noire, assise dans son
fauteuil de bois doré, son livre préféré ouvert
devant elle. Que Nattier ne nous a-t-il laissé
davantage de ces compositions sincères, prises
dans la vie et à peine arrangées pour les
besoins de son pinceau ! Mais, puisqu'elles sont
trop rares dans son œuvre, acceptons-le avec
ses conventions mythologiques et ses ingénieux travestissements, où il demeure sans
rival. Sachons l'excuser en pensant aux exigences de l'époque, comme aussi supporter
cette uniformité de facture qui donne aisément
à ses visages, quoique moins souvent qu'on ne
le dit, les mêmes airs de ressemblance.

Si les portraits de Nattier se ressemblent
quelquefois, par un trait commun qu'il n'em-
prunte même pas à la nature, si les caractères
du modèle apparaissent moins que l'habileté
du peintre à le transformer, c'est pour mieux

marquer ce qui fait l'originalité même de cet art et lui donne un de ses principaux attraits. Pour être un témoin peu fidèle des individus, il devient un témoin plus significatif du temps. Ce n'est pas telle femme ou telle autre qu'il nous présente; c'est la femme du xviii⁰ siècle, ou du moins d'un moment du xviii⁰ siècle, la contemporaine de Richelieu et de Valfons, l'héroïne des comédies de Marivaux, des romans de Duclos, de Crébillon, de l'abbé Prévost, telle qu'elle s'admira, se poétisa et voulut être divinisée. C'est l'âme même d'une ou deux générations de femmes qui s'est exprimée par leur peintre favori.

Ce siècle, où le naturel fut si grand dans la prose française, la plus vivante et la plus sobre qu'on ait jamais écrite, ne porta point le même goût dans les arts. Les arts aimés de la femme y furent presque toujours étrangers. L'époque des paniers, de la poudre et du rouge ne pouvait apprécier beaucoup le portrait véridique; aussi la place qu'elle lui fit est-elle assez restreinte. Il lui fallait des images apprêtées, pompeuses, ou d'une simplicité affectée; car on ne peut voir un vrai retour à la nature dans cette réaction de la fin du siècle, où les filles des déesses de Nattier se firent peindre si souvent en bergères de Trianon. Qu'importe, en effet, qu'elles aient remplacé les torches et les carquois par la houlette enrubannée guidant au pâturage des moutons imaginaires ! L'esprit qui se plaisait à ces transpositions demeurait le même ; la femme, qui aime toujours l'artifice, ne l'a jamais cherché plus qu'alors, sur ces toiles destinées à la célébrer.

Ainsi l'œuvre de Nattier, tout incomplète qu'on la juge, toute contestable qu'elle soit, reste un témoignage nécessaire d'une société et d'une vie disparues. Réduite à ses morceaux essentiels, débarrassée des médiocres pièces qui l'encombrent, elle mérite d'être comptée parmi les œuvres des plus beaux maîtres secondaires de la peinture. L'art universel pourrait se passer d'elle sans s'appauvrir ; l'art français n'est pas assez riche pour n'en point réclamer la parure. Elle manquerait singulièrement à la connaissance que nous pouvons prendre de notre xviiie siècle. Elle contribue à fournir l'image d'une époque qui eut le culte exalté de certaines grâces. Elle est aussi la meilleure représentation d'une forme d'art périmée, qui n'a plus grande chance de réapparaître.

Son prestige garderait cette œuvre de périr,
et de déchoir même, si l'intérêt historique n'y
suffisait point. C'est qu'elle est française essen-
tiellement et se rattache aux qualités les mieux
assurées de notre race. Elle a le charme de
France, fait d'élégance, de finesse, d'un apprêt
qui ne s'ignore point et sourit de son propre
artifice ; elle exprime, suivant ses moyens,
la séduction d'une nation affinée et souple,
que l'humanité intéresse par-dessus tout, qui
cherche volontiers la beauté hors du sublime,
l'adore en ses femmes et ses artistes, et qui
de siècle en siècle a trouvé des peintres et
des sculpteurs, en petit nombre, mais incom-
parables, pour se révéler au monde, l'étonner
et le conquérir.

I

LES DÉBUTS DE NATTIER

———

Dans son habit d'apparat, tout de velours rouge au gilet brodé d'or, Nattier est au Louvre, peint par Voiriot. Sous la perruque légèrement poudrée, le visage paraît las et vieilli. Les soucis ont laissé leur trace sur le grand front ridé ; la bouche est triste ; le regard, doux et averti à la fois, raconte une âme restée bonne à travers une vie difficile, où le succès est venu tard. Le maître est assis dans un fauteuil, et son bras s'appuie sur un livre posé sur une table aux bronzes dorés. A droite, un tableau sur un chevalet, *Apollon et les Muses,* indique le peintre de mythologie. La main qui tient le crayon se dégage des dentelles, intelligente et travailleuse ; l'autre redresse sur les genoux un carton à dessin.

Ce qui domine est un trait d'honnêteté bourgeoise fortement marqué. L'allure générale,
sans élégance, est cependant aisée. On sent l'artiste conscient de sa valeur et point étonné
de sa gloire.

Jean-Marc Nattier n'a pas eu la carrière
heureuse qu'on s'attendrait à trouver chez un
des favoris les plus éclatants de la mode. Il
a lutté toute sa vie sans arriver à la fortune,
et sans assurer même la sécurité du bien-être
à son foyer. Il a goûté les joies de la famille
et la paix d'une conscience probe; mais le
succès, même le plus grand, ne l'a jamais en-
richi. L'homme qui a contenté tant de caprices,
satisfait tant d'exigeants modèles, éternisé tant
de sourires, n'a connu lui-même de satisfaction profonde que l'exercice actif de ses talents.
Cette vie, qui devrait être celle d'un de ces
artistes fêtés que les femmes aiment et sou-
tiennent, est féconde en contrastes pénibles;
et peut-être rencontrera-t-on, au cours de sa
biographie, tentée ici pour la première fois
dans son détail, quelques observations instruc-
tives et mélancoliques sur la condition des
peintres au XVIIIe siècle.

Jean-Marc Nattier appartenait à une de ces

JEAN-MARC NATTIER

Par Guillaume Voiriot

Musée du Louvre

familles d'artistes, si fréquentes dans l'ancienne France, qui se transmettaient de père en fils la pratique de l'art et poursuivaient, à travers plusieurs générations, un idéal qui changeait avec le temps et se transformait suivant les goûts successifs des contemporains. L'auteur du nom était d'ordinaire un praticien modeste, gagnant sa vie à travailler aux ouvrages des Bâtiments du Roi ou dans les ateliers des maîtres, qui élevait ses enfants dans l'amour de la profession, leur communiquait de bonne heure les secrets de la technique, et faisait d'eux des artistes d'un rang supérieur à celui auquel il aurait pu lui-même prétendre. Il arrivait que le fils ou le petit-fils, instruit de semblable façon, devenait un maître véritable, donnait au nom l'éclat de la notoriété définitive, quelquefois celui de la renommée.

Sous les yeux d'un père à demi artisan, qui avait peiné courageusement dans les maîtrises, l'artiste de la seconde ou de la troisième génération était reçu à l'Académie royale, obtenait le ruban de Saint-Michel, et faisait reluire au soleil de la gloire les trésors de talent et d'énergie accumulés par la suite laborieuse des ancêtres. C'était la montée régulière des familles françaises, plus aisée à constater chez les artistes que partout ailleurs, et dont celle qu'illustra Jean-Marc Nattier fournit un excellent exemple.

Le peintre qui devait être un des représentants attitrés du siècle le plus exquis et en fixer les grâces fugitives, fut élevé dans un milieu parfaitement sévère et sous une discipline rigoureuse. C'était l'époque où Charles Le Brun et son école travaillaient à arracher le sceptre des arts à l'Italie des Carrache et du Dominiquin, et servaient à la fois l'honneur de la France et les desseins glorieux du Grand Roi. Fils d'un peintre de l'Académie, Jean-Marc Nattier naquit l'année même où s'achevait à Versailles le plus grand ouvrage de l'art français d'alors, le fameux plafond de la Grande Galerie, et il fut nourri dans l'admiration de ce chef-d'œuvre, qu'il était destiné à étudier plus tard de fort près. Il n'entendit débattre autour de lui que les hautes questions d'esthétique et de composition, qui passionnaient les amis de son père et que son parrain, Jean Jouvenet, traitait avec enthousiasme et autorité. Tout contribua à mettre en son esprit la préoccupation exclusive de la grande décoration et de la peinture d'histoire, qui devait le hanter toute sa vie.

L'art du portrait fut cependant celui qu'il connut d'abord dans sa famille. Son père, Marc Nattier, né en 1642 d'un ménage de marchands parisiens, avait une spécialité en ce genre. Il se rattachait à l'école de Claude Lefebvre, de Fontainebleau, un des plus sérieux interprètes du visage humain, celui qui a le mieux rendu, dans leur expression intense et profonde, les physionomies graves et passionnées du grand siècle. A côté, et peut-être au-dessus de Philippe de Champaigne, Lefebvre s'imposera un jour à l'attention des amateurs, et son œuvre, disséminée dans les musées, suffira, malgré l'indifférence qui l'entoure encore, à faire reconnaître en lui un des maîtres magnifiques du portrait français.

Marc Nattier avait-il travaillé chez Claude Lefebvre, ou se borna-t-il à imiter sa manière ? On serait embarrassé de le dire, les œuvres du maître, comme celles du médiocre écolier, étant encore trop peu étudiées. L'Académie royale de peinture et de sculpture compta de bonne heure Marc Nattier parmi ses membres. Il y fut reçu le 27 juin 1676, sur la présentation de deux ouvrages : le portrait de son confrère Gilbert de Sève et celui de Jean-Baptiste Colbert, marquis de Seignelay, fils du

ministre alors tout-puissant, et lui-même
secrétaire d'État au ministère de la Marine.
Cette dernière toile, provenant de l'Académie,
dont Seignelay était vice-protecteur, figure au
musée de Versailles, où elle a été parfois attri-
buée à Lefebvre. Il est vrai que l'artiste a
copié, tout au moins pour le visage, un tableau
de son maître. La facture sèche et appliquée
n'ôte rien à l'intérêt qui se dégage de la physionomie orgueilleuse et satisfaite, de la large
perruque bien soignée, de la robe de chambre
somptueuse et de tous les menus accessoires
qui montrent le ministre à son bureau de
Boulle, devant son écritoire, au milieu de ses
papiers et de son travail.

L'influence de Claude Lefebvre est peu
visible dans les œuvres originales de Marc
Nattier, par exemple dans le portrait de Mademoiselle de Nantes, qui est au musée Condé
et date des dernières années du siècle. La
jeune duchesse de Bourbon est représentée
assise sur un banc de pierre, la chemise
blanche très basse, laissant voir la gorge, est
recouverte d'une tunique d'un bleu clair, attachée sur l'épaule, enveloppant le buste et la
jambe droite, et mettant à nu la jambe gauche;
une sandale se noue, par des bandelettes d'or,

sur la cheville nue ; dans la main gauche une serpe dorée indique que le peintre a été chargé de transformer en Cérès la fille de Louis XIV et de Madame de Montespan. Il semble qu'il ait voulu faire une Junon de la maréchale duchesse de Villars, qu'il eut également à peindre et qu'il a habillée de même façon. Ces allégories peu accentuées et ce costume sommaire et sans recherche, aisé à draper sur le mannequin, se retrouveront dans l'art du fils de Marc Nattier ; c'est à peu près tout ce qu'il empruntera à un père infiniment moins doué que lui.

Il n'y avait pas qu'un seul portraitiste dans la famille. La mère de Jean-Marc était artiste elle-même et travaillait en miniature. Elle se nommait Marie Courtois, de famille parisienne comme son mari, et avait habité avec ses parents rue des Quatre-Vents. Le mariage ayant eu lieu à l'église Saint-Sulpice, le 5 août 1676, les époux allèrent demeurer rue de l'Arbre-Sec, où ils eurent leur premier fils, et, un peu plus tard, rue des Petits-Champs, où naquit le second.

La femme de Marc Nattier était belle, si on le peut conclure de l'idée qu'eut le mari d'offrir un portrait d'elle à l'Académie. Elle avait aussi du mérite, d'après les traditions de la

famille, qui lui accordent « un talent décidé
pour peindre en miniature ». Ces miniaturistes
du XVIIe siècle, si l'on excepte Petitot, sont
encore mal distingués les une des autres, et
il serait difficile de rechercher les œuvres de
Marie Courtois. Une attribution, qui semble
certaine, lui donne un petit portrait de la belle
Madame de Pléneuf, mère de Madame de Prie.
Au reste, elle produisit peu, étant « tombée
paralytique pour toute sa vie, n'ayant encore
que vingt-deux ans », et « ce triste état fit un
tort considérable à sa fortune ainsi qu'à celle
de son mari ». Ainsi s'expriment les souvenirs
de son fils, communiqués à l'Académie par sa
petite-fille, Madame Tocqué, au cours d'une
biographie autorisée, à laquelle nous ferons
d'autres emprunts. La maladie de Madame Nattier ne l'empêcha point de mettre au monde
deux fils, voués à l'art l'un et l'autre, comme
leurs parents.

Jean-Baptiste, dont nous dirons plus loin
la courte carrière, naquit le 27 septembre 1678,
et Jean-Marc le 17 mars 1685. L'acte de bap-
tême de celui-ci, à la paroisse Saint-Eustache,
le montre tenu sur les fonts par Jean Jouvenet,
peintre du Roi, et ce détail ne saurait être
indifférent. Bien que sans fortune, les époux

Nattier ne manquèrent point, dit Madame Tocqué, « de donner tous leurs soins à l'éducation
de deux fils qui, dès leur plus tendre jeunesse,
avaient montré tant d'inclination pour la peinture que leur père s'était déterminé à tout
sacrifier pour leur avancement dans la perfection de leur art. Ces espérances ne furent point
trompées, car ils répondirent avec ardeur à ces
intentions, et surtout avec un amour et un
zèle infatigables pour l'étude. »

Le peintre d'histoire, Jean Jouvenet, de qui
la gloire a beaucoup pâli, était un membre
considérable de l'Académie, où il avait rang de
professeur. On peut penser que ses conseils
furent suivis, pour la direction d'un jeune
homme qu'un tel parrain n'était point pour
desservir. Nattier a toujours parlé de lui
comme d'un protecteur illustre et d'un patron
écouté. Dès qu'il fut en âge de « tenir le porte-
crayon, son père l'envoya à l'Académie, où,
peu de temps après, il gagna le prix de dessin.
Son goût et son amour pour le dessin lui firent
toujours rechercher et saisir avec empressement les occasions de copier les tableaux des
plus grands maîtres. » Les fortes études que
l'Académie exigeait alors de ses élèves n'eurent
point d'adepte plus assidu que lui.

Le peintre, à qui on devait plus tard reprocher plus d'une fois un dessin lâché, fut au contraire, dans sa jeunesse, un passionné du crayon précis, un de ceux qui donnèrent le plus de leur temps et de leurs efforts à la transcription rigoureuse des chefs-d'œuvre destinés à la gravure. « Il n'avait que quinze ans, raconte sa fille, lorsqu'il dessina les quatre grandes batailles de M. Le Brun d'après les estampes. Ces quatre dessins furent montrés à M. Mansart, pour lors surintendant des Bâtiments, qui les trouva si bien qu'il jugea à propos de gratifier le jeune dessinateur de la petite pension des élèves de l'Académie. »

Ce travail d'écolier d'après les *Batailles d'Alexandre,* gravées par Audran, Edelinck et B. Picart, se place vers l'année 1700. Il permit au père de l'artiste de faire agir les protections dont il disposait et d'obtenir pour le jeune crayon la faveur de dessiner sur place, dans la Galerie du Luxembourg, la fameuse suite des compositions de Rubens sur l'*Histoire de Marie de Médicis*.

Les premiers dessins furent présentés par Mansart à Louis XIV en personne, qui les trouva à son gré et accorda à Jean-Marc Nattier la permission de dessiner la galerie tout entière, avec le privilège de la faire graver. Cette immense page d'histoire, placée de nos jours au musée du Louvre dans la vaste salle qui la remet en valeur, était alors un des ensembles décoratifs les plus vantés qui fussent en Europe. L'heureuse publication des vingt-quatre planches projetées devait assurer l'existence au courageux artiste pendant plusieurs années, et aussi donner à son nom une notoriété sérieuse.

Retenons le souvenir de l'intervention de Louis XIV dans la carrière de Nattier. Une anecdote, où le Roi est directement mêlé et qu'on rapporte à tort à l'année de sa mort, était glorieusement conservée dans la famille. Le jeune homme fit le dessin d'après Rigaud, qui servit pour graver le portrait en pied de Louis XIV ; cette commande est justifiée par les Comptes des Bâtiments de 1713, qui font un paiement de 500 livres pour cet objet « au sieur Nattier le jeune ». Celui-ci eut l'honneur de présenter lui-même son dessin à l'auguste modèle et entendit de lui cette parole : « Continuez, Nattier, et vous deviendrez un grand homme ! » C'est un de ces propos qu'on ne saurait oublier, même si l'on a seulement cru les entendre, et c'est à l'année 1712 qu'il le faut

reporter, puisque telle est la date de la magnifique estampe de Drevet, d'après Rigaud. Le
nom du jeune artiste n'y figure point ; on le
trouve en revanche sur deux planches assez
importantes d'après des tableaux de N. Col-
lombel, peints à Rome ; les dessins faits par
Jean-Marc Nattier de ces compositions, tirées de
l'histoire de Notre-Seigneur, remontent à 1710.

Les frères Nattier perdirent leur mère en
1703, puis leur père, qui décéda à soixante-
trois ans, rue Froidmanteau, paroisse Saint-
Germain - l'Auxerrois, le 24 octobre 1705. A
l'exposition de l'Académie, qui avait eu lieu en
1704, le maître pastelliste d'alors, Vivien, avait
exposé les portraits de « M. et Madame Nattier ». C'est un nom à faire figurer parmi ceux
des amis de la famille. On peut y joindre sans
doute le graveur parisien, Bernard Picart, dont
le portrait est le plus ancien en date dans
l'œuvre de Nattier, puisqu'il remonte à 1709.
La gravure de ce tableau, exécutée par Verkolje, à Amsterdam, en 1715, porte l'inscription suivante : *Bernardus Picartus delineator
et sculptor, Stephani Picarti, cui Romani
cognomen, filius, natus Lutetiæ 11 junii anni
MDCLXXIII, a J. Marc Nattier pictus anno*

MDCCIX. L'artiste, placé de face, portant haute perruque, et la chemise ouverte sous une large robe de chambre brodée, est accoudé sur une table où sont posés ses outils. La main gauche ouverte repose sur une estampe dont on lit la légende et qui représente la « Cornaline connue sous le nom de cachet de Michel-Ange ». Le graveur hollandais a marqué sur le papier la signature de B. Picart et, sur le dos des livres qui chargent les rayons derrière lui, les noms des grands peintres et des grands graveurs. C'est l'intérieur d'un artiste du temps, instruit et considéré, que nous fait connaître ce tableau, dont l'original dut être fort beau. On peut le rechercher en Hollande, à Amsterdam même, où le modèle alla finir sa vie.

Nous connaissons, dans l'œuvre postérieure de Nattier, un autre portrait d'artiste que la tradition qui le désigne présente comme un portrait de graveur. Ce serait celui de « Pesne le graveur » ; il ne peut cependant être question de Jean Pesne, ni de son fils Thomas, peintre de Saint-Luc, mort à un âge avancé, en 1727, et dont Marie Courtois, femme de Marc Nattier, avait tenu sur les fonts un des enfants. On pense plutôt à l'un de ceux-ci et au plus renommé, Antoine Pesne, qui devint premier peintre du roi de Prusse et dont l'âge concorderait avec le moment où notre artiste, qui fut son contemporain, aurait pu le peindre. C'est un homme encore jeune, représenté à mi-corps, en robe de chambre couleur tabac d'Espagne, le bras appuyé sur un dessin étalé; le visage, qui est posé pleinement de face, et les yeux aigus et fatigués témoignent d'une étude de physionomie très pénétrante. L'œuvre est sérieuse et profonde, conçue avec amour, sans prétention vaine à plaire au public ni au modèle, comme celles que les artistes de tous les temps aiment à échanger entre eux, dans leur monde fermé et cordial, et qui sont souvent supérieures à leurs portraits de commande.

Bernard Picart avait été le premier graveur employé par Nattier à la grande entreprise de la Galerie du Luxembourg. *La Conclusion de la Paix,* la plus ancienne estampe de la série qui lui est due, porte le millésime de 1703. A cette date, le jeune peintre était déjà en possession de son privilège, et on le voyait, le 29 novembre 1705, intéresser l'Académie à son ouvrage : « M. Natié le fils, disent les procès-verbaux, a fait présent à l'Académie de deux estampes de la suite de la Galerie du Luxem-

bourg, qui ont été gravées d'après Rubens. »
Il se faisait aider par son frère dans l'exécution
des vingt-quatre dessins, et les donnait aux
graveurs à mesure qu'il les achevait. L'édition
avait lieu par planches isolées.

Le recueil parut au complet en 1710, sous
le titre : *La Galerie du palais du Luxembourg,
peinte par Rubens, dessinée par le sieur Nattier et gravée par les plus illustres graveurs du
tems, dédiée au Roy.* Les graveurs étaient, en
effet, les plus célèbres de l'époque ; c'étaient
J.-B. Massé, Gérard Edelinck, L. de Châtillon,
Jean et Benoît Audran, B. Picart, G. Duchange,
A. Trouvain, Loir, Corneille Vermeulen et
Charles Simonneau. Le titre et la page de no-
tice étaient calligraphiés par Berey, et Nattier
avait dessiné, pour le frontispice, une vingt-
cinquième planche, le portrait de Rubens,
d'après Van Dyck, que Jean Audran avait gravé.

Ces planches, achetées au siècle dernier par
la Chalcographie du Louvre, ont été assez
sévèrement jugées, au xviiie siècle, par les
amateurs qui succédèrent immédiatement à
ceux pour qui elles avaient été faites. Mariette
en attribue la faute aux dessins exécutés
« d'une manière froide, et qui était si fort
éloignée de celle du maître flamand que les

estampes, qui furent gravées d'après ces dessins par ce que nous avions de meilleurs graveurs, n'ont donné que les compositions et
rien du véritable caractère du peintre ». On
ne pouvait jusqu'à présent contrôler l'opinion
de l'auteur de l'*Abecedario,* car les dessins de
Nattier passaient pour perdus. Ils se retrouvent, par bonheur, à Paris, à la bibliothèque de
l'Arsenal, parmi les trésors de son cabinet des
estampes.

Le précieux volume relié aux armes royales,
qui contient l'ouvrage gravé, présente, en regard de chaque planche, le dessin à la san-
guine de Nattier. S'il y a, en effet, dans cette
série, plus de correction que de maîtrise véritable, si la couleur de Rubens s'évanouit presque inévitablement sous le crayon de l'artiste
français, on peut louer avec justice le travail
consciencieux et serré qu'il a livré à ses collaborateurs. Quelques dessins, vigoureusement
repris, tels que *le Débarquement de Marie de
Médicis au port de Marseille, l'Échange des
deux Reines, la Félicité de la Régence,* rendent
mieux que d'autres l'accent du maître. Sans
doute, l'interprétation des fameuses compositions ne nous satisfait point pleinement; mais
on reconnaît, en feuilletant cette collection,

DAME INCONNUE
Musée de Limoges

qu'on le doit moins aux insuffisances du crayon
de Nattier qu'au paisible burin des graveurs
d'alors, peu faits, semble-t-il, pour s'assimiler
la fougue du peintre d'Anvers.

Nattier achevait à peine ce grand travail,
qui se doublait pour lui d'une spéculation
intéressante, lorsque le duc d'Antin, qui venait
de succéder à Jules Hardouin-Mansart à la surin-
tendance des Bâtiments, lui fit proposer par
Jouvenet d'aller occuper, en qualité de pensionnaire du Roi, une place vacante à l'Académie de France à Rome : « Plusieurs ouvrages
commencés, et pour lesquels on le pressait
beaucoup, lui firent refuser cette faveur, ce
qui, par la suite, lui causa les regrets les plus
vifs, n'ayant jamais pu se pardonner d'avoir
manqué une occasion si favorable.·» Ainsi parle
sa fille, d'après des souvenirs que le père avait
dû souvent évoquer au milieu de ses enfants.

On comprend le regret de Nattier d'avoir
ignoré Rome, si l'on songe qu'il a toujours
rêvé faire de la peinture d'histoire, et que le
genre du portrait n'a jamais été pour lui qu'un
pis aller. La hiérarchie des arts, alors fort
exactement constituée dans les esprits, mettait
le portrait au-dessous de cette peinture historique, par laquelle, à travers les Carrache, le

Guide, le Dominiquin et même l'Albane, l'École française s'enorgueillissait de se rattacher à Jules Romain et à Raphaël. Dans la fréquentation des œuvres de Charles Le Brun et de Rubens, Nattier avait pris l'admiration rigoureuse des grandes compositions allégoriques, où l'on s'ingéniait à immortaliser les événements contemporains, et pour lesquelles l'étude des chefs-d'œuvre italiens était une source inépuisable d'inspiration. Il se croyait doué pour continuer ces traditions, et nous trouverons, dans la partie la moins connue de son œuvre, des preuves significatives d'une conviction qui ne l'abandonna jamais.

Si Nattier était parti pour Rome, l'accord de ses dispositions naturelles avec l'enseignement qu'on y recevait eût produit sans doute la plus médiocre des carrières. Il n'avait pas un don assez personnel d'artiste pour vivre en Italie sans danger. Il eût altéré ses qualités, sans rien gagner qu'une éducation de faux style. La direction du chevalier Poërson, qui conseillait alors les jeunes pensionnaires du Roi suivant les principes de l'Académie, l'eût détourné du portrait, où il était fait pour réussir et donner une note charmante et personnelle. Nattier fût devenu un Natoire, et ce double emploi eût été assurément de quelque dommage pour l'art français.

Ce fut comme peintre d'histoire, et non comme peintre de portraits, qu'il se présenta à l'Académie royale. Son frère Jean-Baptiste l'y avait précédé ; il avait été agréé le 31 décembre 1710, puis reçu le 29 octobre 1712, sur la présentation d'un assez insignifiant tableau, *Joseph sollicité par la femme de Putiphar*, gravé par Beauvarlet et qui est aujourd'hui au musée de l'Ermitage. D'après Jean-Baptiste Nattier, Surugue a gravé une figure à mi-corps de David vainqueur de Goliath, datée de 1719 ; Beauvais a interprété une Danaé, ainsi qu'un Satyre découvrant une Nymphe endormie. Ce sont des témoignages honorables et médiocres de l'activité académique de Nattier l'aîné. Jean-Marc, qu'on désignait alors sous le nom de Nattier le jeune, suivit le même chemin que son frère et se soumit aux obligations imposées pour obtenir les avantages joints au titre d'académicien.

C'était presque une nécessité pour les artistes de se faire agréer dans la compagnie créée sous la régence d'Anne d'Autriche, grâce à l'initiative de Charles Le Brun, et qui ouvrait

ses portes largement, sans limitation du nombre
de ses membres, à tous les talents de quelque
mérite. Ceux qui négligeaient de s'y faire recevoir étaient exposés aux vexations que la corporation des maîtres-peintres de Paris ne
manquait pas d'infliger à tout manieur de pinceau non muni de ce titre privilégié de « peintre
du Roi », que conférait l'Académie. Les que-
relles des peintres indépendants ne sont pas
rares à cette époque, avec « cette communauté
d'ouvriers, qui ne devraient point avoir le droit
de troubler les opérations du génie » et qui
se l'arrogent en toute occasion. L'Académie
royale a été constituée précisément en vue de
protéger le travail des véritables artistes et de
les mettre à l'abri de la juridiction tracassière
d'une corporation d'artisans.

Nattier fut lui-même victime d'une de ces
aventures que subissaient assez souvent les
artistes en retard avec les formalités académiques. Les maîtres-peintres s'étaient trans-
portés chez lui et menaçaient de saisir ses
ouvrages, exécutés en contravention avec le
droit exclusif qu'ils possédaient de couvrir des
surfaces peintes. Nattier dut transiger avec
eux, en promettant de faire gratuitement pour
leur chapelle un tableau de religion, promesse

DAME INCONNUE

Musée Wallace, Hertford House, Londres

qui fut exactement tenue. Il avait eu déjà, en
l'année 1712, un différend d'un autre genre
avec le peintre en miniature Klingstedt, de
Riga, dont il avait fait le portrait et qui était
venu chez lui pour le retirer de vive force,
sans vouloir aucunement le payer. En portant
plainte contre ce confrère indélicat, dont l'in-
solence venait apparemment de ce qu'il était
de l'Académie, il avait pu sagement réfléchir à
l'avantage qu'il y a d'appartenir à un corps
puissant, constitué pour la défense d'intérêts
communs.

Jouvenet le pressa de se présenter à la compagnie, dont les bonnes dispositions n'étaient
pas douteuses, et les procès-verbaux des
séances de l'Académie nous font suivre les
étapes de cette candidature, analogue à toutes
les autres et remarquable seulement par l'arrêt
inattendu qui la vint suspendre. Le 25 mai
1715, « le sieur Jean-Marc Nattier, peintre, né
à Paris et fils de Monsieur Nattier, académicien,
a fait apporter à l'assemblée de ses ouvrages.
L'Académie, après avoir pris les suffrages par
les fèves, l'a agréé. Il recevra de Monsieur
Coypel, directeur, le sujet pour son morceau
de réception. » A la séance du 26 octobre
suivant, où Coypel remercie l'Académie des

compliments qu'elle lui a apportés à l'occasion
de sa nomination comme Premier Peintre du
Roi, on accepte l'esquisse du morceau : « Monsieur Nattier, qui s'est présenté le 25° mai, a
fait apporter l'esquisse du tableau qu'il doit
faire pour sa réception, dont le sujet lui a été
donné par Monsieur Coypel, directeur, qui
représente *Apollon qui préside sur la Peinture
et la Sculpture,* laquelle a été agréée. » Il fallait quelques mois pour exécuter ce tableau ;
si Nattier y mit trois années, c'est que des
événements survinrent, qu'il n'est pas sans
intérêt de raconter.

Pierre le Grand, « empereur de toutes les
Russies », venait d'accréditer à la cour de
France son conseiller de commerce Jean Le
Fort. Ce personnage fort intelligent, le premier agent diplomatiqne qu'ait eu la Russie
dans notre pays, reçut diverses missions accessoires, en même temps qu'il eut à traiter des
grandes questions politiques qui occupaient
alors l'esprit de son maître. Il était chargé
notamment de lui fournir les artistes nécessaires pour donner à Pétersbourg l'aspect et la
vie d'une capitale. Le czar Pierre comptait que
plus d'un maître parisien se laisscrait tenter
par des propositions lucratives et contribuerait

à établir, en son pays encore à demi sauvage, les bienfaits de la civilisation occidentale.

Nattier, mis en lumière à l'étranger par son travail sur la Galerie du Luxembourg, dont les exemplaires s'étaient fort répandus, fut invité par Le Fort à exercer l'art de la peinture sur les bords de la Néva ; il y aurait rencontré un Français de sa connaissance, l'architecte Le Blond, que l'agent russe avait déjà décidé au voyage et pour qui le séjour auprès d'un monarque à grandes vues ne devait pas être sans avantage. La fonction offerte au peintre était d'ailleurs celle que remplissaient avec honneur, en ce moment même, Antoine Pesne, à la cour de Berlin, et Louis de Silvestre, à la cour de Dresde.

On recherchait partout en Europe ceux des artistes français qui n'hésitaient pas à s'expatrier. Depuis la mort de Louis XIV, l'espoir des grandes entreprises artistiques était interdit en France pour bien des années ; on ne savait ce qu'il adviendrait du jeune roi encore enfant, ni s'il hériterait des goûts fastueux de son arrière-grand-père. Beaucoup de peintres, de sculpteurs et d'architectes quittaient le pays, et Nattier songea à les imiter.

Il accepta, tout au moins, de partir pour la

Hollande, où l'Empereur, l'Impératrice et la
cour moscovite se rendirent au mois de février
1717. Il s'entendit avec Le Blond et fit avec
lui le voyage d'Amsterdam. « Il n'y fut pas
plus tôt arrivé, raconte Madame Tocqué, que
le Tsar lui fit faire les portraits d'une très
grande partie des personnes de sa cour. Ensuite il fit composer et exécuter sous ses yeux
un tableau, dont Pierre le Grand fut lui-même
le héros et le sujet ; ce tableau représentait la
fameuse bataille de Pultawa. » Cette *Bataille
de Pultawa,* d'où l'allégorie sans doute n'était
point absente, n'a laissé aucune trace dans
l'œuvre de Nattier, et peut-être faut-il renoncer
à l'espoir de la retrouver dans la collection de
la Famille impériale de Russie ; mais il n'est pas
impossible qu'on identifie quelques-uns des
portraits des personnages de la suite de Pierre
le Grand, dont nous pouvons rappeler les noms.
C'étaient le prince Kourakine, le prince Dol-
gorouki, le maréchal de la cour Alsoufieff, les
généraux adjudants Narichkine et Jagouzinski,
le lieutenant général Boutourline, le médecin
Areskine et le secrétaire du cabinet Makharoff,
le baron de Schafiroff, M. Sawa Ragozinski et
M. de Tolstoï, conseiller privé. C'est parmi eux
et parmi les dames de l'Impératrice qu'il faut

chercher les modèles, imposés à la hâte au pinceau de Nattier, pendant ce voyage d'Amsterdam, où il n'eut guère le temps de regarder les œuvres des peintres du pays.

L'Empereur, satisfait de Nattier, l'envoya à la Haye au moment où il quittait Amsterdam, avec ordre d'y faire le portrait de l'impératrice Catherine. Laissons ici parler les souvenirs de l'artiste : « Ce portrait, à peine achevé, la Czarine en écrivit au Czar, qui pour lors était à Paris, des choses si merveilleuses, que le Czar, curieux de le voir, fit ordonner à M. Nattier de revenir promptement à Paris et d'y apporter le portrait de l'Impératrice. Le hasard voulut que, le jour que le portrait arriva, le Czar dût souper chez M. le duc d'Antin. L'enthousiasme que son extrême ressemblance produisit sur ce prince le lui fit envoyer chez ce seigneur, voulant, quoiqu'il n'y eût encore que la tête de faite, que ce portrait de l'Impératrice fût placé sous un dais dans la salle du festin. Dès le lendemain, M. Nattier commença le portrait de Pierre le Grand, duquel ce prince fut aussi content qu'il avait été de ses autres ouvrages. »

Le portrait original de l'empereur Pierre par Nattier est à rechercher, ainsi que celui de l'impératrice Catherine, dont la tête seule paraît avoir été peinte, et qui a été arrangé pour la gravure par Dupin. On peut, croyons-nous, reconnaître le premier dans celui qui a été gravé plus tard par un artiste russe, au milieu d'un encadrement ovale, avec le cordon bleu sur la cuirasse. Une copie ancienne du tableau est certainement au musée de Versailles : les traits essentiels du prince s'y reconnaissent ; il a la moustache courte, la verrue sur l'aile gauche du nez ; cependant l'embellissement voulu des détails produit un affadissement de l'ensemble ; on croit être en présence d'un aimable seigneur français, au teint frais, à la chevelure blonde et bouclée, sans perruque, il est vrai, mais fort différent du héros que révèlent des portraits plus âpres et plus fidèles.

Le czar Pierre tenait moins à avoir son portrait qu'à emmener son artiste. Il ne doutait point que celui-ci eût pris ses dispositions pour le suivre en Russie, bien qu'il n'y eût engagement formel que pour le voyage en Hollande. C'est ici que les choses se gâtèrent, Nattier ayant hésité à satisfaire la volonté d'un prince qui n'admettait guère qu'on lui résistât. Les souvenirs du peintre abonderont sur cet épisode de sa vie ; il se rappellera son ennui

la veille du jour où Pierre le Grand quitta
Paris, et de quel ton le grand maréchal de la
Cour lui demanda quand il comptait se mettre
lui-même en route pour Saint-Pétersbourg :
« Cette question positive troubla infiniment
M. Nattier. Ayant été entraîné par le tour-
billon de ses voyages et de ses occupations, il
n'avait pu réfléchir bien mûrement à cette
affaire, et par conséquent il n'était rien moins
que décidé. Tous les inconvénients d'une telle
entreprise se présentèrent alors à son imagination. Si, d'un côté, il voyait une fortune
ouverte, ce qui était bien séduisant pour un
jeune homme, d'autre part il ne pouvait fer-
mer les yeux sur mille difficultés qui lui pa-
raissaient insurmontables. Le choc de ces différentes idées ne pouvant produire que de
l'irrésolution, il se trouva dans le plus grand
embarras ; heureusement pour lui qu'un ami
intime, en qui il avait toute confiance, survint
tout à propos pour l'en tirer. Dès qu'il fut
instruit de l'affaire proposée, comme il ne
l'approuvait nullement, il lui représenta avec
tant de force et de véhémence tous les dan-
gers auxquels il allait exposer sa vie, son
talent et sa réputation, en s'expatriant et en
entreprenant un voyage de cette nature, que

M. Nattier, persuadé par l'évidence des raisons de son ami, ne balança plus et refusa totalement. » Ce passage ne révèle pas seulement le caractère hésitant du bon Nattier, dont la volonté subira toujours les événements plus qu'elle ne cherchera à les diriger ; il laisse deviner aussi les sentiments qu'inspirait alors la Russie, terre lointaine, inquiétante par son éloignement même, et que l'on disait habitée par des barbares. Un brave artiste parisien, homme de famille et de tradition, de goûts modestes et casaniers, n'aimait déjà point, dans la vie ordinaire, à quitter le quartier où il s'était fixé parmi les siens ; comment n'eût-il pas été pris de quelque terreur devant ce que représentait encore, même pour des esprits mieux informés, l'inconnu moscovite ?

Nattier ne paraît pas avoir regretté son refus des avantages matériels que lui promettait la Russie, et que Louis Tocqué, qui fut son gendre, eut plus tard la hardiesse heureuse de recueillir. Sa décision négative lui valut toutefois une contrariété au moment du départ de Pierre le Grand : « Le Czar fut si piqué de ce refus que, pour en marquer son ressentiment à l'artiste, il fit enlever à l'instant même l'original du portrait de la Czarine de chez M. Boit, où il avait été porté par ses ordres pour en faire des portraits en miniature ; ce qui fut cause que ce portrait n'a jamais été totalement fini ni payé. »

Le miniaturiste dont il est ici question était le Suédois Charles Boit, né à Stockholm, et devenu peintre en émail du roi d'Angleterre. Il venait d'être reçu à l'Académie royale comme étranger, le 6 février 1717, et travaillait alors à Paris d'après les modèles français. Cet exemple et celui de son confrère Klingstedt, rappelé plus haut, montrent que Nattier, à cette époque de sa vie, était employé par les miniaturistes. Il leur fournissait l'étude peinte dont ils avaient besoin pour les portraits qu'ils exécutaient sur les boîtes et les tabatières, et pour ceux que les femmes portaient, entourés de perles, sur leur poitrine ou dans leur bracelet. C'était une des façons qu'avait l'artiste de gagner sa vie, en ces besognes sans honneur qui si longtemps arrêtèrent l'essor de son talent.

L'Académie royale attendait toujours le morceau de réception de Nattier, comme elle en attendait quelques autres également en retard, par exemple celui de Jean Raoux, qui avait été agréé la même année, et celui d'Antoine Watteau, plus rétif encore à s'acquitter.

son « agrément » remontant à l'année 1712. Nattier présentait, paraît-il, des excuses valables, outre le temps qu'il venait de perdre au service du monarque moscovite. En sa séance du 7 août 1717, l'Académie s'occupe « à écouter les raisons que les aspirants ont rendues sur le retardement de leur réception, selon l'ordre qu'ils en avaient reçu... Le sieur Nattier, ayant remontré la difficulté qu'il trouva dans l'exécution du tableau qui lui avait été ordonné, qui est un plafond pour la salle de l'assemblée, la Compagnie ayant eu égard à sa prière, elle lui a donné six mois, et Monsieur le Directeur lui donnera un autre sujet et six mois pour le faire. » Ce même mois d'août, Watteau et Raoux s'exécutent ; mais Nattier prend encore un long délai pour fournir son morceau.

Le 29 octobre 1718 seulement, disent les procès-verbaux, « le sieur Jean-Marc Nattier, qui s'était présenté le 25e mai 1715, a fait apporter le tableau qui lui avait été ordonné, représentant *Persée qui change Phinée en pierre*. L'Académie, après avoir pris les voix par les fèves, l'a reçu académicien, afin de jouir des privilèges attachés à cette qualité, à charge par lui d'observer les statuts et règlements d'icelle, ce qu'il a promis en prêtant serment entre les mains de Monsieur Coypel, écuyer, premier peintre du Roi et de S. A. R. Monseigneur le duc d'Orléans, régent du royaume, présidant aujourd'hui à l'assemblée. Le présent pécuniaire a été réglé à cent livres. » La solennité inusitée de cette réception s'explique par la réunion de l'assemblée générale ; les signataires du procès-verbal, fort nombreux ce jour-là, sont : Largillierre, Coyzevox, les deux Coustou, Lemoyne, reçu académicien cette même année, et les maîtres de moindre importance, parmi lesquels Nattier l'aîné.

Le vieux Jouvenet, mort l'année précédente, n'a point assisté à cette consécration officielle des mérites de son filleul. Il n'aurait eu, au reste, qu'à applaudir sans réserve à l'œuvre présentée et à y reconnaître, à peine rajeunie d'un souffle nouveau, l'influence de son enseignement. Le morceau de réception, d'un dessin correct, qu'a fourni Nattier, n'est pas sans quelque imprévu de touche, et les contours se fondent déjà avec cette mollesse qui prévaudra plus tard dans sa manière. Mais, pour la composition, on y pourrait voir encore un ouvrage de l'école de Le Brun, d'une mythologie sage et d'un arrangement pompeux. Ce n'est pas seulement que l'auteur soit prisonnier de la

convention d'école ; on sait ce qu'un Fragonard tirera d'un sujet de même nature, à une
époque, il est vrai, plus libérée du joug du
grand siècle. Nattier ne songe pour son compte
à aucune libération. Son *Persée pétrifiant
Phinée* est un témoignage excellent de sa façon
de concevoir et de traiter la peinture d'histoire
pour laquelle il se croit né. Le héros conseillé
par Minerve, en présentant la tête de Méduse,
ne fait qu'un geste d'opéra ; et, si les combat-
tants nus du premier plan forment un morceau
assez vigoureux, on a vu déjà en vingt endroits
les éléments d'un tel groupe. Cette toile, qui est
sous nos yeux au musée de Tours, n'annonce
guère les qualités véritables de son auteur ; et
l'on a peine à concevoir que l'artiste, arrivé à
sa maturité et digne confrère académique d'un
Vernansal ou d'un Galloche, réserve à un avenir
prochain de si prodigieuses surprises.

Jean-Marc Nattier ne semble pas avoir
donné aux travaux de l'Académie, ni à ses
séances, la moindre part de son temps. Alors
qu'on trouve assez souvent la signature de son
frère, Nattier l'aîné, aux procès-verbaux des
assemblées ordinaires ou générales, on n'y
voit paraître la sienne qu'une fois, en 1723,
pour la réception de Desportes. Et voici qu'une

déplorable aventure, unique dans les annales
de la compagnie, vient jeter sur cette famille
d'artistes un renom des plus fâcheux. En 1726,
l'aîné des deux frères est impliqué dans une
affaire de « péché philosophique », l'affaire
Deschauffours. Mis à la Bastille et son procès
fait, il va subir en Grève, avec son complice, le
supplice infamant du feu ; mais il parvient à se
procurer un couteau, méchant instrument de
vitrier, émoussé et arrondi par le bout, et s'en
coupe péniblement la gorge. On le trouve mort
dans sa chambre dans la nuit du 26 au 27 avril.
L'Académie tient séance le 27 ; ignorant que le
malheureux s'est fait justice la nuit précédente,
elle prend une délibération constatant qu'elle
était « informée depuis un temps considérable
de la conduite déréglée et des mœurs corrom-
pues du sieur Nattier l'aîné... Il ne convenait
pas à l'honneur d'un corps si illustre d'y
admettre davantage un sujet qui s'en est rendu
indigne ; sur quoi l'assemblée a tout d'une
voix jugé à propos, conformément à l'article XXVI des statuts, de destituer du corps
de l'Académie ledit sieur Nattier, le déclarant
incapable et déchu des privilèges attachés à
la qualité d'académicien, sans qu'il puisse à
l'avenir s'en prévaloir en aucune manière ni

en prendre le titre, de rayer et ôter pour toujours son nom des registres et catalogues de l'Académie, et de supprimer son tableau de réception qui lui sera remis en rendant sa lettre de provision. » La décision n'était point valable, car le même jour avait été porté, sans prières, le cadavre du suicidé au cimetière Saint-Paul ; mais tout le monde avait intérêt à n'insister point et, dit Mariette, « il ne fut plus parlé de lui ».

La bonne confraternité qui régnait alors parmi les membres de l'Académie adoucit sans doute pour Nattier l'amertume du scandale et la douleur de voir finir de telle façon un frère longtemps compagnon de ses travaux. En 1728, il fait acte de présence à une séance du Louvre ; en 1730, il s'y montre plusieurs fois, et les années suivantes il se décide à remplir de temps en temps cette obligation académique. Au reste, il ne brigue point les honneurs que l'élection confère ; à peine si on le voit désigné, le 31 décembre 1732, pour faire partie de la délégation qui doit présenter, pour le commencement de l'an, les respects de l'Académie au duc d'Antin, son protecteur. Disons, pour en finir ici avec la carrière académique de Nattier, qu'il fut nommé professeur adjoint le 26 mars 1746, professeur le 29 mai 1752, et enfin choisi par ses confrères comme trésorier de la compagnie.

Reprenons, où nous l'avons laissée, la modeste biographie que nous essayons de constituer d'après les divers témoignages du temps. Les événements s'y feront rares désormais. La réception de Nattier à l'Académie royale, en lui assurant la sécurité de sa profession, l'a désigné à la clientèle de qualité ou de bourgeoisie, pour laquelle le titre de « Peintre du Roi » est un brevet de talent. En attendant que se produise l'occasion de donner sa mesure dans la peinture d'histoire, il se contente du portrait, et ses premières œuvres, qu'il serait intéressant de retrouver, ne paraissent même pas avoir ce caractère « historique », qu'il doit rechercher plus tard dans le portrait même.

Vers l'époque de sa nomination d'académicien, plusieurs séries de portraits lui furent commandées, et il lui arriva de faire, comme cela était fréquent alors, ceux de tous les membres d'une famille. Il était fort apprécié de son confrère Jean-Baptiste Massé, dessinateur et graveur, qui commençait à acquérir dans la miniature un renom considérable ; Nattier devait travailler pour lui comme prépa-

rateur de ses miniatures, suivant l'habitude
que nous avons signalée ; en tout cas, Massé
avait travaillé pour Nattier, en gravant un de
ses dessins de la galerie du Luxembourg. Il lui
commanda et paya cinq portraits de sa famille,
ceux de son père, de sa mère, de son frère, de
sa belle-sœur et le sien ; il indiqua plus tard,
en décrivant ces toiles dans son testament, le
cas qu'il n'avait point cessé d'en faire.

Une autre famille, par laquelle Nattier
pénétrait dans le monde de la finance, posait
tout entière devant ses pinceaux. C'était celle
de Berthelot de Pléneuf, qui avait réalisé une
grosse fortune dans les entreprises de vivres
pour les armées, mais qui ne devait pas tarder
à être « recherché » pour l'origine de cette
fortune, puis obligé, comme tant d'autres, de
donner ses biens pour sauver sa tête. A ce
moment, la belle Madame de Pléneuf, née
Rioult d'Ouilly, était une des princesses de la
finance, et son salon, où la musique faisait un
des grands plaisirs, réunissait une société de
choix. Nattier la peignit en Vénus, une de ses
filles auprès d'elle avec les attributs de
l'Amour. Cette fille charmante, « la fleur des
pois du siècle », selon le mot du marquis d'Argenson, allait devenir la marquise de Prie, et

son brillant mariage, advenu au temps de la prospérité paternelle, la mena d'abord à la Cour, pour l'élever ensuite jusqu'à son grand rôle de gouvernement.

Nattier avait donc fait, avant qu'elle ne fût marquise, le portrait de la future favorite de M. le Duc. On a un dessin de lui, une tête de jeune fille au crayon noir et blanc, sur papier blanc, avec quelques fleurs au pastel dans les cheveux; il porte une inscription, d'une orthographe extrêmement incorrecte, dont le texte est ainsi conçu : « Madame de Prie, fille de M. de Pléneuf, étant jeune, lorsque j'ai fait toute la famille de M. de Pléneuf. » C'est peut-être l'étude pour la figure de l'Amour accompagnant la mère en Vénus. La marquise de Prie dut vraisemblablement demander son portrait au peintre après son mariage. Une fort curieuse image d'elle, conservée par sa famille et d'une provenance indiscutable, passe pour être de la main de Nattier; c'est celle où la jeune femme, à la mine vive et aux yeux « chinois », est représentée en buste, les épaules et les bras nus, pressant une colombe sur son cœur. Quoiqu'il ait été attribué aussi à Pierre Gobert, portraitiste secondaire alors à la mode, on ne saurait écarter l'attribution à

Nattier, dont la personnalité n'est point encore
entièrement dégagée dans les œuvres de cette
époque, mais qui s'y révèle déjà dans sa façon
de peindre les chairs et d'illuminer les yeux.

L'œuvre la plus importante de ce temps de
sa vie, et la seule dont fasse mention Madame
Tocqué, doit être signalée à l'attention des
chercheurs, qui rendraient un grand service en
la retrouvant. C'est « un très grand tableau
allégorique de la famille de M. de la Mothe,
trésorier de France », qui doit avoir été fait
par Nattier en 1719 ou 1720, étant le « premier
ouvrage qui parut de lui après sa réception à
l'Académie ». Pour la première fois, l'auteur y
donne carrière à ses goûts de « composition
ingénieuse », et rien ne serait plus instructif
que d'identifier cette toile qui se cache peut-
être, noircie et dédaignée, en quelque château
de province. Paul Mantz signale un autre
Nattier, de vastes dimensions, dont il n'a pas
suivi les traces. C'est une glorification des cam-
pagnes du maréchal de Berwick en Espagne,
et particulièrement du siège de Fontarabie,
qne raconte Saint-Simon et qui eut lieu en
1719. Au premier plan est Berwick, entouré
de guerriers cuirassés comme dans les portraits de Rigaud, et les figures allégoriques

à la façon de Le Brun se mêlent aux figures militaires. Cette composition devait être analogue à celle de la *Bataille de Pultawa*, exécutée ou esquissée pour Pierre le Grand.

A défaut de ces ouvrages, nous retrouvons divers portraits d'hommes bien authentiques de cette période. L'un est signé *Nattier le jeune 1724;* c'est celui d'un M. Le Gobien, représenté en chasseur, au milieu d'un paysage, avec son chien ; la facture en est assez molle, mais la date rend l'œuvre précieuse. Elle appartient à M. Georges Hersent. L'autre toile, qui est à M. le marquis de Moustier, porte la signature, modifiée par l'événement de 1726 : *Nattier pinxit 1727 ;* c'est encore un chasseur en perruque, M. d'Hotel, financier, son fusil à la main, son chien entre les jambes, dans le simple vêtement brun qui sied à l'exercice favori du personnage. Ces compositions rappellent les portraits de chasseurs de la même époque, ceux d'Oudry ou de Desportes ; au temps où il cherche encore sa voie, Nattier semble avoir tenté de se faire, comme eux, une spécialité en ce genre.

On connaît le portrait fameux du comte de Saxe, qui est à la galerie royale de Dresde. Le futur maréchal, qu'illustreront tant de faits d'armes et les victoires de Fontenoy et de Laufeld, est représenté au début de sa carrière ; ses nobles traits juvéniles, que la maladie et les passions n'ont point altérés, se montrent de face ; il porte une armure complète que ceignent le cordon bleu du Saint-Esprit et l'écharpe blanche ; la main gauche tient la poignée d'un sabre pendu au côté ; le bras droit s'appuie sur des livres de guerre, posés sur une console carrée, derrière laquelle se penche le génie du Temps couronnant de laurier le casque du héros. La composition, toute conventionnelle, comme on le voit, s'encadre dans l'architecture d'un palais de fantaisie. Cette toile fut exposée en 1725, à cette exhibition en plein air sur la place Dauphine, dont les artistes parisiens étaient obligés de se contenter, s'ils tenaient à présenter leurs œuvres au public.

La destinée du peintre était en bonne voie, quand survint le fameux « Système ». L'entreprise de Law, qui éleva et détruisit tant de fortunes privées, eut trop d'influence sur celle de Nattier pour qu'il ait pu la passer sous silence dans les notes écrites pour les siens. Il travaillait en ce moment chez les directeurs de la Compagnie des Indes, MM. Couturier et

Desvieux, dont il faisait le portrait. Cette fièvre
de spéculation qui dévorait alors les Parisiens
et qui laissait espérer à tous le décuplement
rapide de leur bien, sévissait aussi chez les
artistes. Le nôtre demanda conseil aux directeurs de la Compagnie, qui arrangèrent sans
doute avec Law la seule combinaison dont un
pauvre peintre pût bénéficier. Il céda à Law ses
beaux dessins de la galerie du Luxembourg
pour la somme de 18,000 livres, payées en
billets de la banque. « Ces billets, ayant
éprouvé la fortune commune, perdirent, au
bout de deux mois, la moitié de leur valeur,
et de moitié devinrent à rien dans la déroute
générale de Law et de son système. Ces beaux
dessins, qui avaient fait l'admiration de tout
Paris, furent emportés par le fils de Law, et
vraisemblablement ont péri sur la mer, car
depuis ce temps on n'en a jamais entendu
parler. » La famille de Nattier ne retrouva pas
les fameux dessins, qu'elle crut définitivement
perdus. Paris, qui en ignora le sort, sait maintenant où il pourrait encore les admirer. Retenons de cette aventure qu'ils représentaient,
aux yeux de l'artiste, un capital d'une certaine
importance, et constatons, non sans surprise,
que les financiers eux-mêmes en jugeaient ainsi.

L'artiste joignait à sa déconvenue d'agio-
teur, la cruelle pensée de la destruction d'une
œuvre qui lui faisait tant d'honneur. Un malheureux procès de famille acheva de mettre
ses affaires en mauvais point. Il accepta pour
vivre les portraits mal rétribués et les besognes
les plus humbles. Ce fut donc pour lui une
bonne fortune que d'être associé un instant à
une œuvre éphémère, pour laquelle le désignait
sa renommée de dessinateur consciencieux.

Cette œuvre, entreprise par un Mécène
renommé, le plus fameux des Crozat, fut présentée au public par un nouvelliste du *Mercure
de France,* dans le cahier du mois de février
1721 : « MM. Watot *(sic),* Nattier et un autre
sont chargés de dessiner, pour M. Crozat le
jeune, les tableaux du Roi et du Régent. »
Pierre Crozat, de Toulouse, exerçant les fonctions de trésorier de France à Paris, était pos-
sesseur de la plus riche galerie de tableaux, de
dessins et de sculptures qu'il y eût dans la
capitale. Il donnait le ton à ce monde de l'argent d'où sortait Madame de Prie, et c'est
chez elle et chez sa mère, Madame de Pléneuf,
qu'il avait pu connaître Nattier, à moins que ce
ne fût lui-même qui eût présenté le jeune
artiste dans la maison. Elles avaient établi ces

concerts de musique italienne qui se tenaient chez lui et sont à jamais célèbres par les croquis de Watteau. Tous les arts trouvaient en Crozat un ami dévoué. Il vit à la fois, en ce grand recueil gravé, dont les premières planches parurent en 1729, une occasion de se faire honneur et un prétexte généreux pour aider des artistes qu'il admirait et qu'il savait toujours dans une position difficile. C'est la seule circonstance où l'on trouve le nom de Nattier auprès de celui de Watteau, et l'unique incident permettant de croire qu'ils se rencontrèrent dans le monde où fréquentait le maître de Valenciennes.

Il fut associé à la même époque à une entreprise de gravure, plus notoire encore que le recueil de Crozat et dirigée par son ami Massé. Ce fut la reproduction des peintures de la Grande Galerie de Versailles et des Salons de la Guerre et de la Paix. Le brevet accordant le privilège de la gravure est du 1er décembre 1723. On sait que ce bel ensemble de planches, qui est un des chefs-d'œuvre du burin français et comprend cinquante-deux pièces de la Chalcographie du Louvre, n'a pu être réalisé que par le concours d'un grand nombre de peintres et de graveurs. L'excellent Massé, qui n'en

vit l'achèvement qu'en 1753, retira plus de
déboires que de profits de cette œuvre désin-
téressée, qui lui valut du moins l'estime de ses
contemporains. Il a insisté lui-même, en son
curieux avertissement gravé en tête du recueil,
moins sur les difficultés diverses qu'il eut avec
quelques-uns des collaborateurs, que sur la
bonne grâce de la plupart des autres et les
facilités accordées en haut lieu à son ouvrage.

Le duc d'Antin permit de faire élever, dans
les appartements de Versailles, les échafauds
dont on avait besoin ; c'était l'époque où le
jeune Louis XV n'était point encore revenu au
Château, ce qui explique une autorisation peu
compréhensible si Versailles eût été alors
habité par la Cour. Le travail commencé et
encouragé par tous dut se continuer après le
retour du Roi, pour qui ce fut une distraction
que de le suivre : « Huit années, raconte
Massé, me suffirent à peine pour terminer le
dessin. On ne prévoit point, et il est bon qu'il
en soit ainsi, on ne prévoit point, dis-je, ce
qu'il coûte de temps, de soins et de peines
pour dessiner, dans une attitude contrainte,
des plafonds, où le dessinateur n'est éclairé
que par des jours de reflet. La seule circonstance qui m'aidait à soutenir un travail si

pénible, c'est que le Roi l'honorait souvent de
ses regards et en paraissait toujours satisfait. »

Massé nomme, parmi les dessinateurs qui
travaillèrent avec lui, MM. Galloche, Boucher,
Natoire et Bouchardon, et surtout feu M. Le
Moyne. Cochin, qui a exposé avec détail l'histoire de la gravure de la Grande Galerie, dans
l'éloge académique de Massé, permet d'ajouter
à cette liste le nom de Nattier, et c'est même
le seul qu'il prononce : « M. Massé, qui n'y
épargnait rien, employa les plus célèbres
artistes qu'il y eût alors, et entre autres
M. Nattier. Cependant il fut obligé d'achever
ses dessins lui-même, parce que ces artistes
n'étaient pas accoutumés à finir assez leurs
ouvrages au crayon, pour que leurs dessins
pussent être exécutés en gravure de même
grandeur. » Les dessins de Nattier, retouchés
comme les autres par Massé, figurent parmi
ceux que conservent les cartons du Louvre. Ils
font évoquer l'artiste, fort mal installé sur les
échafauds de la Galerie, dessinant couché sur
le dos, en face des grandes allégories de Le
Brun. C'était la première fois que Nattier travaillait à Versailles, où il devait plus tard
revenir si souvent pour des ouvrages d'un
tout autre genre et de plus de gloire.

Il venait alors de se marier, ayant épousé, le 26 juin 1724, en l'église Saint-Roch, une jeune fille de seize ans, Marie-Madeleine de la Roche, dont le père était un sieur de la Roche, ancien mousquetaire du Roi, demeurant rue Villedo. L'artiste avait son domicile rue du Hasard. Voilà ce que nous apprend, dans sa sécheresse, l'acte paroissial ; mais il y a, dans toute vie d'artiste, quelque roman, et le roman de Nattier paraît avoir été tout entier en son mariage.

Il faut demander à ses souvenirs, transcrits et à peine modifiés par Madame Tocqué, le délicat récit de son histoire conjugale : « Il crut faire, en 1724, une affaire aussi avantageuse pour sa fortune qu'elle était d'accord avec son inclination, en épousant Mademoiselle de la Roche, fille charmante, qui réunissait en elle tout ce que les talents, la beauté, la jeunesse et les grâces peuvent avoir de séduisant. Son père, ancien mousquetaire du Roi, tenait une maison brillante, où régnait cette façon de vivre agréable et aisée qui, pour l'ordinaire, est l'apanage des gens riches. M. Nattier, dont le cœur était pris, jugea sur l'apparence, et ce ne fut que plusieurs années après son mariage qu'il sut que le Système l'avait ruiné de fond en comble. Il ne lui restait donc, pour tout patrimoine de cet établissement, qu'une femme et beaucoup d'enfants, ce qui ne pouvait améliorer ses affaires. »

Les enfants survinrent très vite, en effet, dans ce ménage fort uni, où la beauté de la jeune femme valait bien une dot pour des yeux d'artiste. On reçut avec joie, en peu d'années, trois filles, dont le père aima dessiner à tous les âges de charmantes sanguines, et un fils destiné à devenir peintre, lui aussi, suivant la tradition de la famille. Un tableau, conservé longtemps chez les descendants de Nattier et qui passa à Versailles lors de la création du musée historique, nous montre réuni tout ce petit monde, à la date de 1730. On y lit cette inscription : *Tableau de l'attelier de M. Jean-Marc Nattier, trésorier de l'Académie royale de peinture et de sculpture. Commencé en 1730 et finit par ledit s^r en 1762.* Cette œuvre nous introduit dans l'intérieur du peintre, au moment où vont commencer ses grands succès.

Nattier, sa palette au pouce, en rouge vêtement d'atelier serré à la taille, s'appuie sur le dossier de la chaise où sa femme est assise. Il est dans la force de l'âge et dans la plénitude de son talent ; son port de tête et son regard

révèlent avec simplicité l'idée qu'il a de lui-
même ; et d'avoir mis au premier plan, toute
blonde dans sa robe blanche, la jeune et jolie
Madame Nattier, d'avoir jeté sur elle toute la
lumière, indique de quelle affection fière il doit
l'entourer. Elle a, sous les fleurs de sa coiffure, une grâce juvénile et abandonnée, qu'ac-
centuent ses doux yeux pâles et sa bouche
enfantine. Sur son clavecin de bon style, sa
petite main blanche tourne la page du cahier.
Devant le mari est le groupe gracieux des
enfants : les trois sœurs s'intéressent à un
album de musique, et le petit garçon offre
tout ouvertes ses deux menottes roses de bam-
bin joufflu. Il se dégage de tout le tableau
l'impression d'une douce intimité familiale.
L'artiste qui l'a peint semble envisager l'avenir
avec tranquillité et confiance.

II

LE PEINTRE A LA MODE

BIEN qu'il eût quarante ans passés, Nattier attendait encore les grandes occasions qui devaient consacrer sa carrière. Les succès hâtifs, que depuis recherchèrent les peintres et qui dévorent en quelques années leur part de gloire, étaient inconnus à cette époque; Watteau lui-même, en sa vie trop courte, les ignora. Après le long apprentissage des ateliers, les épreuves de l'Académie, les besognes modestes des collaborations anonymes, l'artiste devait attendre, pour s'élever, que des circonstances heureuses vinssent le désigner aux amateurs et aux princes, et surtout au Surintendant des Bâtiments, qui disposait des commandes royales. Nattier patienta comme ses devanciers, préoccupé surtout d'assurer

l'existence de sa famille, et accepta de bon
cœur cette demi-obscurité, favorable aux pro-
grès consciencieux, faits en lui d'expérience et
de réflexion, d'où se dégageait peu à peu la
forme d'art qu'il réalisa.

Il s'attachait dès lors à ce qu'on appelait
« le portrait historique », arrangement parfois
puéril, souvent ingénieux, par quoi on transformait un modèle, grâce au costume et aux
accessoires, en héros de la Fable, en divinité
ou en figure allégorique. Depuis longtemps
l'art français avait admis cette idéalisation du
portrait. Elle était étrangère, sans doute, au
crayon comme au pinceau des Clouet, de Corneille de Lyon, de Dumonstier, fidèles observa-
teurs de la nature, qui rendaient les parements
d'un habit avec le même scrupule que les traits
du visage ; mais la tradition de Fontainebleau
affirmait, dès le même temps, des tendances
différentes, et le xviie siècle, malgré sa recherche vigoureuse de la vérité, les laissa souvent prévaloir.

La manie d'apothéose, dont le Grand Roi
fut atteint dès sa jeunesse, s'étendit à tout
son entourage. Le fameux tableau de Nocret,
peint pour le Saint-Cloud de Monsieur, où
toute la Famille royale jouait ses rôles dans

un Olympe dont Louis XIV était le Jupiter,
avait été imité, réduit, transposé à l'usage de
plus modestes modèles. Les femmes surtout,
avec leur goût coutumier de l'artificiel, sollici-
taient des peintres cette flatterie que leur pro-
diguaient les poètes. Alors que les dévotes
adoptaient pour leur image le costume d'une
sainte de leur choix, la plupart des femmes de
qualité se faisaient peindre en Diane, en
Minerve, en Cérès, n'osant toujours arbo-
rer orgueilleusement la ceinture étincelante
de Vénus. Saint-Simon dit parfois, du ton le
plus naturel du monde, que telle duchesse
occupait « un rang dans les nues » ; il s'agit
des nues glorieuses de l'Olympe de Versailles,
que le peintre avait mission de figurer réellement par son pinceau.

C'était une condescendance qu'on n'eût
point osé demander à un Philippe de Champaigne, ni à un Claude Lefebvre, mais dont
s'accommoda Pierre Mignard lui-même, dans
quelques circonstances, et qui fournissait aux
peintres secondaires, comme par exemple Marc
Nattier le père, des poncifs toujours flatteurs,
propres à masquer l'indigence de leur com-
préhension de la vie. A l'époque où Jean-Marc
arrivait à la notoriété, cette mode florissait

avec abondance ; François de Troy y avait accoutumé sa clientèle princière ; Pierre Gobert la
suivait aveuglément ; Santerre et les Coypel
contribuaient à la maintenir, en mêlant aux
costumes modernes les attributs les plus chimé-
riques, en lâchant des essaims d'Amours autour
des brillantes déesses de la Régence, et le
Régent lui-même s'était fait peindre en dieu
Pan et en héros accompagné par Minerve.

Rigaud et Largillierre, il est vrai, conseil-
laient et pratiquaient de tout autre façon l'art
du portrait. Ces deux carrières glorieuses, qui
s'étaient développées parallèlement, s'achemi-
naient ensemble à leurs derniers jours, dans
un éclat qui n'avait pas connu de déclin. Les
caprices féminins, les exigences de la mode
n'avaient guère troublé ces grands maîtres, ni
altéré leur belle sincérité devant la nature.
L'œuvre de Hyacinthe Rigaud s'accorda aux
goûts pompeux de son temps sans donner la
moindre part à la convention mythologique ;
et si Nicolas de Largillierre a très souvent
jeté sur les épaules d'une belle présidente la
peau de tigre des bacchantes ou posé le croissant de la Chasseresse sur le front d'une douai-
rière, il a conservé à leur visage, à leur coiffure,
au geste entier de leur personne, une telle

réalité de vie, qu'on ne saurait attacher d'importance à un travestissement aussi léger.

Mais il y avait alors à Paris, au service de M. le duc de Vendôme, Grand Prieur du Temple, puis de son successeur, le chevalier d'Orléans, un artiste fort recherché, dont les succès approchaient de celui des meilleurs maîtres et excitaient assez naturellement l'envie du bon Nattier. C'était le Montpelliérain Jean Raoux, ancien pensionnaire du Roi à Rome, qui poursuivait hardiment, en un temps où faiblissaient à la fois les mœurs et le goût, une double carrière d'homme de plaisir et de peintre à la mode. Cet aimable décorateur avait été entraîné peu à peu, par l'engouement qu'il inspirait, à produire des portraits nombreux. Son pinceau facile, auquel les dessus de porte galants ne coûtaient guère, et qui aimait grouper des chanteuses ou des liseuses sous des éclairages ingénieux, avait conquis, pour rendre la fraîcheur d'un jeune teint, le chatoiement des satins et des soies, une virtuosité qui lui valait l'admiration de toutes les femmes. Il joignait, d'ailleurs, à une facture noble et caressante, un certain don d'agréable ressemblance.

Dessinateur beaucoup plus sûr que Raoux, Nattier s'exerçait à acquérir les séductions un peu banales et les irrésistibles qualités qui faisaient la vogue de son confrère. Il était d'ailleurs plus porté qu'un autre à suivre cette voie, qui correspondait à ses inclinations personnelles. Peintre d'histoire comme Nattier et reçu à ce titre à l'Académie, Raoux ne concevait le portrait que placé dans un paysage imaginé et accompagné d'attributs fictifs. C'est ainsi qu'il sut satisfaire sa clientèle de l'Opéra, d'où les demoiselles n'avaient, il est vrai, qu'à transporter en son atelier le costume porté sur les planches, pour lui fournir une idée de tableau. Mademoiselle Carton venait, en Naïade, se faire peindre pour M. le comte de Saxe, Mademoiselle Prévost en Bacchante, le front ceint de pampres de papier peint, Mademoiselle Quinault, couronnée des roseaux d'Amphitrite ; et il n'était pas moins naturel de représenter, sous les traits de la Muse Thalie, Mademoiselle Silvia, délices de la Comédie-Italienne.

Les grandes dames, qui suivent quelquefois le goût des grandes actrices, s'adressaient sans scrupule au même peintre et recevaient de lui les mêmes emblèmes et la même apothéose de théâtre. Les bourgeoises venaient à leur tour, et le plus charmant portrait de Raoux est précisément celui d'une jeune femme fort distinguée, née Marie-Françoise Perdrigeon, femme du secrétaire du Roi Boucher d'Orsay. L'artiste l'a représentée en Vestale, vêtue de satin blanc, jetant malicieusement un dernier morceau de bois sur l'autel qui va s'éteindre, avec un Amour voltigeant au-dessus d'elle, la trompette en main, pour célébrer ses charmes et peut-être ses vertus ; sur le devant de la toile, s'étalent des fleurs, un plat ciselé, une aiguière, dont la signification est moins évidente. Tel était l'art qui régnait, et qu'il s'agissait de remplacer en le continuant.

Le public, toujours prêt à reconnaître un nouveau maître de la mode, le salua d'une acclamation unanime, dès que Nattier produisit, en ce genre, ses premiers chefs-d'œuvre. Ce furent de beaux morceaux, en vérité, traités dans la donnée des portraits de Raoux, mais avec plus d'ampleur, et où l'heureuse ressemblance des modèles n'excluait pas la composition allégorique la plus ambitieuse. Les deux principaux ouvrages qui, de l'avis des contemporains, établirent la réputation de Nattier, sont restés dans les collections françaises. Ce sont *Mademoiselle de Clermont,* en déesse des Eaux de la Santé, peint en 1729 et conservé à Chantilly, et *Mademoiselle de Lambesc,* avec son frère, qui est au Louvre, sauvé peut-être, par un achat de La Caze, de la destruction presque totale des anciennes œuvres de notre peintre.

Le premier tableau, qui était pour les Condé un portrait de famille, celui de Marie-Anne de Bourbon, sœur de Monsieur le Duc, est d'autant mieux placé à Chantilly qu'on y trouve représentée une des vues anciennes du parc, le Pavillon des eaux, tel qu'il venait d'être aménagé vers 1725, le parterre qui le précédait et le « miroir » encadré de gazon, qui a disparu avec le pavillon et le parterre. La peinture n'est pas signée, et la date de l'exécution est fournie seulement par les pièces d'archives de la maison de Mademoiselle de Clermont, qui mentionnent, en 1729, un paiement de 1,800 livres, plus 129 livres 3 deniers pour frais de voyage à Chantilly. Des paiements de l'année 1730, montant à 1,172 livres, indiquent d'autres travaux de l'artiste pour la princesse ; c'est vraisemblablement son second portrait, d'une composition différente, que Palissot signale chez le duc de Saint-Aignan et que nous retrouvons à Hertford House. Celui qui est à Chantilly se trouvait placé, au xviiie siècle, « dans la chambre à coucher de Monsieur le Prince ».

MADEMOISELLE DE CLERMONT

EN SULTANE

Musée Wallace, Hertford House, Londres

L'altière princesse du sang, surintendante de la Maison de la reine Marie Leczinska, a été peinte plusieurs fois, notamment par Rosalba Carriera, dont les crayons ont assez bien rendu l'humeur résolue et le caractère volontaire du modèle. Dans le pastel, sa beauté, qui est réelle, se nuance d'une expression piquante et n'a point cette irréprochable pureté de lignes que présente la toile de Nattier. Le peintre français peignait la princesse huit ou neuf ans après la Vénitienne, et alors que l'épisode sentimental de sa vie, son amour pour M. de Melun, avait torturé son cœur violemment épris. Rien cependant, dans le portrait, ne nous révèle cette âme passionnée. Ce n'est qu'une belle indifférente, mollement assise sur un tertre, au bord des eaux. On l'a transformée en déesse de la fontaine, dont le flot bienfaisant coule de l'urne où elle s'appuie ; elle attend placidement le verre qu'une délicieuse nymphe emplit pour elle. Le bel enfant nu qui joue, au premier plan, avec un gouvernail et le serpent d'Esculape, n'est point l'Amour, mais un vigoureux Génie de la santé, dont les chairs rosées, barrées par une écharpe jaune, font ressortir agréablement les carnations plutôt brunes de la princesse. Celle-ci a les pieds nus indo-

lemment croisés sur l'herbe; le corps est revêtu
d'une tunique blanche et d'un manteau fran-
chement bleu; la poitrine, en partie découverte,
est fort belle, le cou s'allonge, la bouche sourit,
le front est élevé, les yeux sont grands et noirs.
C'est une fort agréable personne que cette
princesse du sang ; mais est-ce bien, sans
fraude, Mademoiselle de Clermont? C'est un
doute que les portraits de Nattier permettent
souvent d'exprimer.

Il existe une composition moins connue, qui
la montre en « Sultane sortant du bain, servie
par des esclaves », suivant le texte du livret du
Salon de 1742, où l'œuvre fut exposée après sa
mort. La même étude de la tête a servi à
l'artiste, et la poitrine est découverte identique-
ment; mais l'attitude de la baigneuse est toute
différente, et les regards sont appelés au centre
du tableau, vers ces belles jambes nues, d'un
fin dessin, qu'essuie avec un drap blanc une
femme de chambre enturbanée. Dans la pièce
voûtée, qui sert de chambre de bains à Mademoiselle de Clermont, négresses et négrillons
s'empressent à la servir, et leur teint d'ébène
fait valoir son éblouissante chair. Un des mori-
cauds, assis sur le tapis d'Orient, parmi les
précieuses étoffes et la fourrure d'hermine,

tient en ses mains un collier de perles de sa
maîtresse et la contemple avec admiration. Une
négresse, non moins extasiée, renverse un
grand bassin d'eau dans la vasque indiquée
au premier plan. Toute cette scène offre un
mélange de fantaisie et de réalité plus intéressant, en somme, qu'une allégorie, et dont se
souviendra Carle Van Loo, quand il peindra
Madame de Pompadour en des intérieurs de
Sultane.

La grande toile de la galerie La Caze, qui a
été reprise par l'artiste en 1737, pour s'en faire
honneur au premier Salon du Louvre, est
signée : *Nattier pinxit, 1732.* Le livret décrit
« un tableau de six pieds de long sur cinq de
large, représentant Mademoiselle de Lambesc,
de la maison de Lorraine, sous la figure de
Minerve, armant et destinant M. le comte de
Brionne, son frère, au métier de la guerre ».
C'est le premier tableau de l'artiste où se
réunissent un portrait de femme et celui d'un
enfant, et où s'harmonise son double motif
préféré.

La tête impérieuse de la jeune Minerve se
détache sur la draperie bleue attachée à une
colonne. Assise sur un fauteuil rocaille, tout de
même assez singulier, elle ne regarde ni les

spectateurs, ni l'enfant debout auprès d'elle et qui nous fait face avec un gracieux sourire. Un manteau de velours bleu à reflets d'argent couvre le bas de son corps. La peau tigrée jetée sur une fort belle épaule laisse apercevoir la poitrine retenue à demi par un corselet à mailles d'or. Le bras et le cou sont d'un modelé parfaitement pur ; le petit pied nu est rose sous les cordons de la sandale étroite. La main droite retient sur les genoux un casque, et l'autre, négligemment, boucle la cuirasse du petit chevalier. Celui-ci porte un vêtement jaune, des bas rouges, une écharpe d'un beau blanc fixant au côté l'épée dorée. Il s'appuie avec grâce sur la hampe d'un étendard rouge cravaté de blanc. L'autre côté du tableau est meublé d'accessoires militaires, rappelant l'honneur de la Maison de Lorraine et faisant prévoir la destinée d'un futur héros.

De telles œuvres, si conformes aux goûts du temps, fixèrent aisément la réputation de Nattier et, de tous côtés, les gens de qualité et le monde de la Cour commencèrent à s'adresser à lui. Il fut d'abord occupé par les princes de la Maison de Lorraine et put dès lors inscrire sur son catalogue les plus beaux noms, tels

que ceux de Rohan, Soubise, Lambesc ou
Guémenée. Dès ce moment aussi, il approche
les princes et les princesses du sang. On le voit
peindre les deux sœurs de Mademoiselle de
Clermont, Mademoiselle de Sens, avec des
fleurs au corsage, et Mademoiselle de Charolais, jouant de la guitare et accompagnée d'un
Amour tenant un livre de musique, grande
composition dans le goût de Raoux, dont deux
exemplaires sont connus, celui de Stafford
House et celui de M. Pierpont Morgan. Le duc
d'Orléans, fils du Régent, lui commanda le
portrait des deux princesses ses sœurs cadettes,
Mademoiselle de Beaujolais, qui mourra à vingt
ans, en 1734, et Mademoiselle de Chartres, qui
épouse le tout jeune prince de Conti, le 22 janvier 1732.

Le tableau de Hertford House, représentant
la toilette d'un chevalier du Saint-Esprit, est
également un portrait princier. C'est la réplique
d'un original, daté de 1732, qui se trouve dans
une collection parisienne. Nous n'acceptons
aucun des noms divers donnés jusqu'à présent
au personnage, dont l'âge et les traits nous permettent de reconnaître, avec les plus grandes
vraisemblances, le duc d'Orléans en personne.
Le premier prince du sang, né en 1703, est

représenté à vingt-neuf ans. Ses autres portraits, l'un peint par Belle, gravé par Cars,
l'autre peint par Coypel, gravé par Drevet,
n'ont point l'importance de celui de Nattier.
L'œuvre est d'un arrangement somptueux.
Debout sur un fond de mur à colonnes, le
personnage parade déjà dans son costume de
représentation, le manteau de velours sur les
épaules, les bas de soie blanche à nœuds et
les petits souliers de satin ; la main gauche
tient le chapeau à plumes et la droite s'appuie au pommeau de nacre de l'épée. Sur
un vaste canapé repose le grand manteau de
l'Ordre, aux insignes brodés d'or, le cordon et
la croix jetés par-dessus. Un page élégant, qui
soulève la traîne du lourd manteau, s'accroupit
en même temps pour juger du bel ajustement
des dentelles ; les apprêts s'achèvent pour la
toilette du prince, qui va, dans quelques ins-
tants, accompagner le roi Louis XV à la solen-
nelle procession des Cordons bleus.

Les plus intéressants portraits de cette
époque ne sont cependant pas des portraits
princiers. Nous leur préférons des peintures
plus familières, où l'artiste s'est complu à
mettre, à côté d'une jeune mère, un petit
enfant. Voici, peinte en 1733, la marquise du

Châtel, née Gouffier, belle-fille du financier Crozat le cadet, dont les filles deviendront, l'une la marquise de Gontaut, l'autre la comtesse de Stainville, plus tard duchesse de Choiseul. L'enfant qui est auprès d'elle ne saurait être la future épouse du tout-puissant ministre de la fin du règne ; celle-ci naîtra seulement en 1734 ; c'est sa sœur aînée, Antoinette-Eustachie, née en 1728, qui épousera, en 1744, le quatrième fils du maréchal de Biron, Armand, marquis puis duc de Gontaut, et sera la mère du duc de Lauzun. Elle mourra à vingt ans, en trois jours, ayant eu le temps d'assurer la fortune de son amant éperdument aimé, M. de Stainville, et, pour cela, faisant promettre à sa jeune sœur de l'épouser. Quelle destinée d'orgueil et de passion sur cette tête d'enfant de cinq ans, qui joue avec des fleurs auprès de sa mère ! Celle-ci lui pose, d'un geste tendre, des bleuets dans les cheveux ; elle-même est simplement couronnée de la même parure, et un ruban noir lui sert de collier. Elle n'est travestie ni en déesse ni en nymphe ; elle a mis simplement ce déshabillé que Nattier donne indifféremment à tant de modèles.

Plus séduisant encore est le portrait d'une bourgeoise de distinction, dont le mari appartenait à la maison de Mademoiselle de Clermont, étant secrétaire de ses commandements, en même temps que receveur général des finances de la Généralité de Champagne. Madame Héron de Villefosse, née Le Texier, de famille orléanaise, a été peinte à vingt-sept ans, en 1736, l'année qui précéda sa mort, avec sa fille Élisabeth, qui devait épouser M. Chaumont de la Millière, intendant de Limoges et plus tard propriétaire de Valençay. L'enfant et la mère, vêtues, elles aussi, d'écharpes et de robes flottantes, sont auprès d'un massif de roseaux. La mère place une parure de perles sur les cheveux de la petite fille, dont la chemisette, ceinte d'un ruban, est retenue à l'épaule par deux rangs de perles. L'enfant joue de sa petite main avec la fleur d'un roseau. Tout cela est assez vivant et exprime agréablement les soins maternels ; mais pourquoi Madame Héron de Villefosse s'est-elle crue obligée à se métamorphoser en « source » ?

Quelques ménages commencent, dès lors, suivant une mode dont Nattier bénéficiera un jour, à s'adresser au même peintre pour leur double image qu'étaleront aux regards de leur postérité les trumeaux symétriques du grand

salon de famille. Ainsi font, par exemple, le
marquis et la marquise de Broglie ; mais, les
nobles modèles n'ayant point de descendance,
les portraits reviendront au futur maréchal-
duc, leur cousin germain. C'est un étrange
personnage que le mari, au regard aigu et
bizarre ; la tête est hardiment posée sur un
long cou, que hausse la blanche cravate. La
cuirasse damasquinée qui enserre le buste est
de la meilleure facture de Nattier, en ce genre
de morceau où il excelle ; il ne rendra pas avec
plus d'éclat, dix ans plus tard, le costume de
guerre du beau-frère du marquis, ce baron de
Besenval, alors simple capitaine aux Gardes-
suisses, que le règne de Louis XVI élèvera à
un plus grand rôle. Le jeune baron, avec ses
beaux cheveux poudrés, sa fière prestance, une
fourrure jetée autour de la cuirasse, offrira à
Nattier le plus fin et le plus spirituel des
modèles. La marquise de Broglie, née baronne
de Besenval, a dû être peinte en même temps
que son mari, dont le portrait original est daté
de 1734 ; elle a posé en robe rose brochée d'or
et d'argent, et largement décolletée ; sur les
épaules est jeté un manteau jaune paille bordé
de fourrure ; un diadème de perles est placé
sur les cheveux, avec une aigrette de plume

blanche retenue par un ruban. En aucune de ces toiles n'apparaît la mythologie.

Elle est absente également d'un portrait d'une excellente vérité de physionomie, daté de 1735, celui de la marquise de Ligneris, née Marie-Anne de Forbach, calme figure d'Alsacienne au teint de blonde ; la tête se penche sur une épaule honnêtement découverte ; l'écharpe bleu d'azur passe sur le corsage brodé d'or, le plus riche habit qu'ait contenu sans doute la garde-robe familiale. Et quel exquis portrait encore, bien véridique et d'effet juste, que celui de la jolie Madame Dupin, dame de Chenonceaux, la future amie des philosophes, dont les grands yeux illuminent le jeune visage et que l'artiste a peinte visiblement pour satisfaire un mari amoureux !

Nattier dut à ses relations avec la Maison d'Orléans, aussi bien qu'à sa réputation grandissante, une fort heureuse aubaine. Raoux était mort en 1734, à l'heure même où son rival commençait à l'éclipser, sans avoir achevé la décoration de la galerie du Temple, que le Grand Prieur, le chevalier d'Orléans, lui avait confiée. Le prince mit en concurrence Nattier et l'un des Coypel, Noël-Nicolas, frère consan-

guin de feu Antoine Coypel, premier peintre du
Roi, et oncle de Charles Coypel, alors premier
peintre du duc d'Orléans. Le concours établi
entre les deux artistes donna l'avantage à
Nattier, ce que le *Mercure* de décembre 1734
annonça en ces termes : « M. le Grand Prieur,
qui protège les beaux-arts, vient de donner une
nouvelle preuve de son goût par le choix qu'il
a fait de M. Nattier, de l'Académie royale
de peinture et sculpture, pour continuer les
ouvrages qui avaient été commencés, en son
palais du Temple, par feu M. Raoux et dont
l'exécution avait été suspendue par la mort de
cet habile peintre. »

Le choix du Grand Prieur valut à l'artiste un
fort beau logement dans l'enclos du Temple,
où il transporta sa famille ; il y vivait encore
en 1760, continuant à user d'un privilège qui
pouvait équivaloir à celui des artistes ayant
logement au Louvre. Le Temple était alors
comme une petite ville close au milieu de
la capitale. Le droit d'asile, qu'il conservait,
permettait aux débiteurs insolvables qui s'y
réfugiaient et se résignaient à n'en point
sortir, d'échapper à la prison pour dettes. Ce
fut souvent, au xviiie siècle, le refuge des
artistes en détresse. Pour ceux d'entre eux qui

n'y avaient point domicile forcé et qui bénéfi-
ciaient, à un titre quelconque, de la bienveil-
lance de l'Ordre de Malte, l'habitation était
extrêmement agréable. On y trouvait des
jardins et de beaux édifices. Le principal corps
de logis du palais prieural, construit par
Jacques de Souvré au siècle précédent, venait
d'être modifié sur les dessins d'Oppenord ;
c'est dans cette partie des bâtiments que
Nattier était appelé à travailler.

Il semblait atteindre au comble de ses
désirs. Sa vie était assurée pour longtemps,
sa famille prospérait autour de lui, et il avait
enfin les moyens de produire son chef-d'œuvre,
par les grandes surfaces qu'on lui donnait à
décorer. Il allait pouvoir oublier le portrait,
pour donner sa mesure comme peintre d'histoire. Plusieurs années sont occupées à cette
honorable besogne. Il termine cette galerie du
Temple, où il peint six tableaux représentant
les Muses, complétant apparemment une série
que Raoux avait entreprise. Il fait ensuite, pour
le fond de la galerie, le portrait en pied de son
Mécène, le Grand Prieur, « peint en généra-
lissime des galères, avec tous les attributs
convenables ». Ce tableau fut exposé au Salon

de 1738, sous cette indication : « Un grand tableau en hauteur, de dix pieds sur environ six de large, représentant le portrait en pied de M. le chevalier d'Orléans, Grand Prieur de France, commandant sur un port de mer. » Le prince était alors âgé de trente-six ans. Nattier avait eu à surpasser le tableau où Raoux l'avait représenté comme général des galères montant *la Réale,* qui se trouvait dans la grande salle du palais prieural et dont la partie principale a été gravée.

Nous ne croyons pas perdue l'œuvre décorative de Nattier au Temple, bien qu'elle soit encore complètement ignorée. Les fragments que nous identifierons plus loin ne sont pas les seuls qu'il soit possible de retrouver. Ils subirent cependant, de bonne heure, une destinée fâcheuse. Le chevalier d'Orléans étant mort en 1748, le grand prieuré passa, l'année suivante, au prince de Conti. Celui-ci, qu'inspirait en tous ses actes l'humeur orgueilleuse de sa maison, décida de détruire entièrement ce qui avait été installé par son prédécesseur. Il fit vendre ses effets et tout ce qui lui avait appartenu, au profit de l'Ordre de Malte. « M. Nattier, écrit Madame Tocqué, touché de voir vendre sous ses yeux, et à l'encan, des tableaux qui

lui avaient coûté des soins et des travaux infinis,
y a mis l'enchère et les a rachetés. Ils sont
aujourd'hui entre les mains de la famille. »

Les Muses n'étaient pas seules représentées
au Temple. Au Salon de 1737, Nattier exposa
un tableau de *la Justice qui châtie l'Injustice,*
et cette peinture figurait dans le salon du Grand
Prieur, comme l'indiquent des vers du *Mercure*
insérés au cahier d'avril et consacrés à la célébrer. Ces petits vers, qui paraissent être de Gresset, n'ont été recueillis nulle part ; ils n'en sont
ni meilleurs ni pires, et pareils à ceux que les
poètes consacrent d'ordinaire aux peintres :

A M. NATTIER, PEINTRE DE L'ACADÉMIE ROYALE, SUR UN
TABLEAU DE SA MAIN QU'ON VOIT DEPUIS PEU DANS LE SALON
DU TEMPLE, A PARIS, REPRÉSENTANT « LA JUSTICE »

De force et de douceur, quel heureux assemblage
Fait briller ton pinceau dans ce nouvel ouvrage !
Thémis, en punissant ce monstre aux yeux hagards,
Intéresse mon âme, attache mes regards ;
De la Divinité, j'y reconnais l'image ;
Elle frappe mes sens, elle parle à mon cœur ;
    Et pour tribut de mon premier hommage,
        Je sens qu'en ta faveur
        Aujourd'hui son pouvoir vainqueur
    A l'amitié dérobe mon suffrage.

Un autre tableau, « de quatre pieds en
carré », représentant *la Prudence,* qui fut
l'unique envoi de l'artiste au Salon de 1740,

faisait évidemment partie de la même commande, ainsi que cette toile, *la Force,* exposée
en 1745 et gravée par Baléchou, qui passe pour
représenter Madame de Châteauroux. Ces deux
compositions du Temple, que nous reconnais-
sons dans les dessus de porte du salon de l'hôtel
de Trévise, et qui auraient figuré au château de
Bellevue, font connaître la façon dont le peintre
interprétait ces figures symboliques, mi-guer-
rières, mi-féminines, toutes fort bien à leur place
dans la maison parisienne de l'Ordre de Malte.

La Prudence est représentée par une femme
casquée, dont les traits ne visent à aucune
ressemblance ; elle a le bras entouré d'un long
serpent d'or et le corps enveloppé d'étoffes
bleues et blanches, et se contemple dans un
grand miroir que soutient devant elle un enfant.
Cette figure est signée et porte la date de
1739. *La Force,* qui lui fait un exact pendant,
est datée de 1745, et la peinture rappelle visiblement Madame de Châteauroux, modèle alors
familier à l'artiste. La tête est nue, l'expression
fière ; une peau tigrée couvre en partie la cuirasse d'acier, et sur les genoux s'étend une
draperie rouge ; la main droite tient l'épée, et
la gauche, une torche allumée. Une colonne
monte au côté droit du tableau et, de l'autre,

un lion dont la tête est seule visible griffe
l'étoffe d'un air menaçant. La facture des deux
toiles est plus sommaire que dans la plupart
des œuvres de Nattier; on sent qu'elles sont
faites pour être vues très haut et qu'elles ne
tendent qu'à l'effet décoratif.

Le Salon du Louvre, qui s'ouvrit pour la
première fois aux artistes au mois de septembre 1737, établit en ce noble lieu, pour
une longue période, l'usage des expositions
annuelles; ce fut pour Nattier, comme pour la
plupart des peintres de l'Académie, une précieuse occasion de se bien produire. Il envoya
au Louvre des spécimens divers de son talent,
joignant à *la Justice,* du Temple, le grand
tableau déjà ancien de Mademoiselle de Lambesc avec son frère, un portrait de la marquise
d'Ussé, sur lequel nous ne savons rien, enfin
un dessin du tableau de Chantilly représentant
Mademoiselle de Clermont en déesse des eaux
de la santé. C'était rappeler au public que les
aimables artifices du portraitiste étaient toujours à sa disposition.

Cette exposition de 1737 marque une date
dans la biographie de presque tous les bons
artistes de l'époque. Elle eut un succès considérable auprès des visiteurs, et nous en avons

le témoignage dans les vers de Gresset, imprimés d'abord au *Mercure,* où Nattier se trouve nommé au meilleur rang :

VERS SUR LES TABLEAUX EXPOSÉS A L'ACADÉMIE ROYALE DE PEINTURE, AU MOIS DE SEPTEMBRE 1737 :

... Mais quelle lumière nouvelle
Dissipe le sommeil des Arts !
De la divinité d'Apelle
Le temple s'ouvre à mes regards !
Naissez, sortez de vos ténèbres,
Elèves de cet art charmant,
Qui de la nuit du monument
Sauve les spectacles célèbres
Et fixe la légèreté
De la fugitive beauté...
Si, dans cette illustre carrière,
La peinture, sur ses autels,
De Rigaud ni de Largillière,
N'offre point les traits immortels,
A juste titre elle a pu croire
Que c'était assez pour sa gloire,
Assez pour enseigner ses lois,
D'offrir les Coypels, les De Troys,
Et de conduire sur ses traces
Vanloo, le fils de la gaieté,
Le peintre de la volupté,
Et Nattier, l'élève des Grâces
Et le peintre de la beauté.

Le poète de *Vert-Vert* espérait, pour les lettres, un renouveau semblable à celui qu'il saluait pour les arts. Il assurait qu'on verrait renaître le temps où le Roi soutenait ensemble

« les Racines et les Mignards ». Il lui fallut attendre, pour jouir des privilèges de Racine et être admis à la Cour, le temps où Madame de Pompadour y fit sentir son règne aimable. Nattier y devait triompher, plus modestement, quelque temps avant lui ; on sait qu'il ne fut point ingrat pour l'écrivain qui lui donnait le premier son titre, bientôt célèbre, d' « élève des Grâces ». Il fit le portrait de Gresset, légué par les neveux du poète au musée d'Amiens, sa ville natale, agréable effigie, plus flatteuse et moins spirituelle que celle que devait peindre Tocqué, après *le Méchant* et l'Académie. L'ovale de Nattier n'est pas daté, mais l'âge du modèle le montre contemporain du poème ; Gresset a vingt-sept ou vingt-huit ans ; l'habit de velours est d'un rouge passé, et le jabot de mousseline est orné de dentelles ; le visage, de trois quarts, paraît jeune et fin. C'est sans doute à propos de cette toile que Gresset fit son madrigal connu :

> Ma chère Églé, l'amitié, pour me plaire,
> Trace mon portrait en ce jour.
> Toi, demain, si tu veux, tu pourras le mieux faire :
> Le pinceau le meilleur est celui de l'Amour.

Nattier exposa aux Salons jusque vers la fin de sa vie. Les livrets de ces expositions

nous sont précieux pour reconnaître et identifier beaucoup de ses œuvres. Au Salon de
1738, par exemple, on trouve, avec le portrait
du chevalier d'Orléans, deux importants portraits de femme : « Un tableau représentant
Mademoiselle de Rohan, fille du prince de
Guémenée, mariée depuis peu à M. le marquis
de Crèvecœur, fils du prince de Masserane, en
Espagne, sous la forme d'Hébé, déesse de la
jeunesse. » Cette toile nous est encore inconnue ; mais nous retrouvons celle qui représente
« Mademoiselle de Canisy, épouse de M. le
marquis d'Antin, vice-amiral, tenant une perruche ». C'est l'admirable portrait de la collection Édouard André, désigné autrefois comme
représentant Madame de Lauraguais.

Dans ce tableau, où le paysage doit être
remarqué comme un des plus soignés de Nattier, la marquise d'Antin apparaît comme une
fraîche mariée, qui vient à peine de quitter le
couvent et qui peut-être y va retourner, pour
attendre quelque temps encore, suivant la
mode de l'époque, la consommation du mariage. A-t-elle seulement quatorze ans sonnés,
cette enfant toute gracieuse dans sa robe de
moire d'argent, avec la guirlande de fleurs qui
va de l'épaule à la taille menue ? D'autres fleurs,

dans les blonds cheveux, s'accordent avec le bleu des yeux enfantins et le rose d'une bouche mutine. Une main à fossettes mignonnes retient un petit chien noir, qui jappe furieusement vers un perroquet perché sur l'autre main et battant des ailes avec colère ; ainsi se trouvent rappelés sur la toile les amis favoris et les jeux innocents de la petite marquise. Qui penserait qu'un jour, Madame d'Antin ayant été veuve de bonne heure, Mademoiselle de Charolais songera à la « donner », comme on dit alors, au roi Louis XV ?

La date portée à côté de la signature permet l'identification certaine du tableau, et cet exemple peut éviter d'insister sur d'autres. Il vaut mieux remarquer que, malgré l'intérêt qu'avait Nattier à mettre aux Salons ses œuvres les plus belles, une bonne part de ses tableaux importants n'y ont jamais figuré. On n'y voit point, notamment, le grand portrait de Madame Geoffrin, qu'il peignit cette même année 1738, ni celui de sa fille, la marquise de la Ferté-Imbault, deux chefs-d'œuvre véritables, demeurés dans la famille d'Estampes, et qu'on ne saurait trop contempler.

On trouve dans les carnets de Madame Geoffrin ces deux mentions : « J'ai été peinte

LA MARQUISE D'ANTIN

A Madame Edouard André

par Nattier en 1738, et ma fille en 1740. Je suis née le 2 juin 1699 ; ma fille est née le 20 avril 1715. » Ces dates nous renseignent sur l'âge des modèles. Madame Geoffrin tenait beaucoup à « son grand et beau portrait », que, plus tard, le roi Stanislas-Auguste lui demandait vainement, désirant avoir à Varsovie le portrait de sa chère correspondante. C'est une charmante image que garde d'elle la postérité, à laquelle la bonne dame philosophe n'était point indifférente. Cette aimable femme, chez qui l'intelligence suppléait au savoir, nous apparaît, dans le portrait de Nattier, avec un air très doux de Sibylle. Elle est assise au pied d'un arbre et s'appuie sur un livre ; sa main droite se soulève en un geste évasif. Elle n'est plus la toute jeune bourgeoise qui débuta dans le salon de Madame de Tencin, mais elle est encore agréable. Le visage allongé, au front haut, s'éclaire de deux grands yeux tendres ; les cheveux, blonds, bouclent à peine. Sur une robe blanche flottante, très décolletée, retenue à la taille par une ceinture d'orfèvrerie, est jeté un manteau d'un rose sombre, aux larges plis.

La marquise de la Ferté-Imbault, plus piquante que sa mère, d'un esprit plus vif et de plus d'attaque, fait avec elle un entier con-

traste. Elle porte un domino blanc, bordé de
rose, qui laisse apercevoir la robe décolletée ;
des perles, des nœuds de ruban rehaussent
sa toilette de bal masqué. Elle vient précisément d'ôter son masque pour nous montrer le
plus vivant des visages ; elle est brune, sans
excessive beauté, mais des yeux pétillants,
une bouche malicieuse, rachètent son manque
d'éclat.

D'autres œuvres importantes appartiennent
à la même époque. Deux portraits de jeunes
femmes sont datés de 1739. L'un représente la
marquise de l'Hôpital, née Élisabeth de Bou-
longne, dont le mari fut nommé, en 1750,
ambassadeur auprès du roi des Deux-Siciles.
La petite marquise, qui fut dame pour accompagner Madame Sophie, passait pour une des
beautés de Versailles. A voir ce joli sourire
sous ce front couronné de bleuets, nous com-
prenons qu'on aimât à lui confier les quêtes
pour les pauvres aux cérémonies de la chapelle.
En dépit de cette candeur, malgré la chaste
disposition de la chemisette et le geste des
mains y ramenant la draperie rouge, l'artiste a
su trouver le moyen de mettre en ce regard,
qui devrait être parfaitement pur, quelque chose

d'équivoque ; sur cette physionomie juvénile, il a glissé cet air voluptueux et averti qu'il prête alors à toutes ses têtes féminines. L'autre toile, qui rappelle la disposition de « la Belle Source » représente en Naïade, avec de grands roseaux à sa gauche et l'urne jaillissante à sa droite, Marie-Henriette Berthelot de Pléneuf, dame de Guémadeuc, qui épousa, en 1734, à vingt-quatre ans, Charles-Denis Baudoin de Sorneville, commissaire des guerres en Alsace. Nattier, en peignant cette forte brune, aux yeux caressants, ne faisait que retrouver un de ses modèles d'autrefois, qu'il avait peint à l'âge de l'enfance ; Madame de Guémadeuc était, en effet, la sœur cadette de Madame de Prie, et avait eu aussi ses admirateurs. Le beau sang de la famille est attesté par ce quatrain, madrigal facile comme il a dû s'en faire beaucoup dans le salon de Madame de Pléneuf, et qui est adressé à Madame de Prie :

> Vous êtes belle et votre sœur est belle ;
> Entre les deux tout choix serait bien doux :
> L'Amour était blond comme vous,
> Mais il aimait une brune comme elle.

Les tableaux de l'année 1740 sont assez nombreux. Un portrait d'homme âgé, d'un art presque puissant et dont la distinction évoque

le souvenir de Van Dyck, est celui du maréchal de Montmorency-Luxembourg, lieutenant
général du gouvernement de Flandre. Il fait
constater opportunément que Nattier savait
quelquefois échapper aux affadissements et
aux mièvreries, auxquels le goût des femmes
l'accoutumait ; une page aussi virile ne se
retrouvera plus dans son œuvre. En même
temps, il déploie toute sa grâce caressante dans
la grande toile de la collection Gaston Menier,
qui représente Madame de Laporte, née Caumartin, en nymphe chasseresse, un fil de perle
retenant sa tunique ouverte sur une gorge
charmante ; elle tient l'arc de la main gauche
et tire une flèche du carquois posé auprès
d'elle. Le portrait de Mademoiselle de Leyde,
qui appartenait à la famille de Wedel-Platen,
est de la même année ; enfin, l'artiste fait un
effort pour renouveler ses allégories dans les
deux fameux portraits des marquises de Flavacourt et de la Tournelle, en *Silence* et en *Point
du Jour*. Aucun de ces tableaux de 1740, non
plus que la princesse de Talmont du musée de
Mayence, peinte en 1741, n'a figuré au Salon
du Louvre.

Le Salon de 1741 ne présente que **deux**
grandes toiles de Nattier. L'une est le portrait

LOUISE-HENRIETTE DE BOURBON-CONTI
DUCHESSE D'ORLÉANS
Musée de Stockholm

de la comtesse de Brac, image d'une femme qui n'est ni belle, ni jeune et qui cependant a voulu être peinte « en Aurore ». Elle est placée, comme il convient, sur les nuages qui enveloppent le bas du tableau et tient assez gauchement un flambeau, comme elle tiendrait un cierge à l'église ; l'étoile du matin brille au-dessus des perles de sa coiffure ; la tête est peinte avec sécheresse, ainsi qu'il est arrivé quelquefois à Nattier devant des modèles prétentieux, entièrement dépourvus de grâce, et qui semblent avoir découragé sa galante faculté d'embellissement. Le second portrait est celui de la princesse de Rohan, qui fut plus agréable à peindre. Elle est assise sur un tronc d'arbre, dans un fond de paysage où tombe une cascade ; elle a le sein découvert et une de ses boucles brunes flotte sur l'épaule ; le costume est toujours l'éternelle chemise blanche, que recouvre en partie une draperie bleue. L'attitude est rêveuse, non sans apprêt ; la main droite tient un livre que la main gauche tourne distraitement ; les regards ne s'y portent point, ce qui s'explique assez par le sérieux du titre qui court sur les pages : *Histoire universelle*. Cette jeune femme, au reste, suit d'autres pensées ; nous savons que Madame de Pompa-

dour n'aura pas de rivale plus ardente, au
début de sa faveur auprès du Roi, et que la
princesse sacrifiera à ce rêve ambitieux sa
liaison avec le jeune Valfons, engagement
pourtant sincère et passionné, qui remonte au
temps de son portrait.

Deux compositions célèbres de cette époque
ont manqué aux expositions du Louvre. Elles
sont assez connues par la gravure pour qu'il
suffise de les rappeler ici, sous le nom de « la
Belle Source » et de « la Chasseuse de Cœurs »,
qu'elles portent dans les estampes de Melini et
de Henriquez. Ces estampes, qui se font pendant et furent mises en vente seulement en
1764, année de la mort de Nattier, ne portent
point les noms des femmes qu'il a peintes et
qu'il est intéressant de faire connaître. « La
Belle Source », dont les mains sont croisées
d'un mouvement si gracieux sur l'urne penchée,
n'est autre qu'Élisabeth de La Rochefoucauld,
duchesse d'Enville. Le duc d'Enville, lieutenant général des galères, qui commandait
l'escadre envoyée en Amérique contre les
Anglais, mourut en Acadie, en 1746 ; la toile
qui représente sa jeune femme date de 1740.
La Chasseresse, qui est de 1742, tient dans les
mains la flèche qu'elle vient de prendre au

LA DUCHESSE D'ESTISSAC

A M. le comte Aimery de La Rochefoucauld

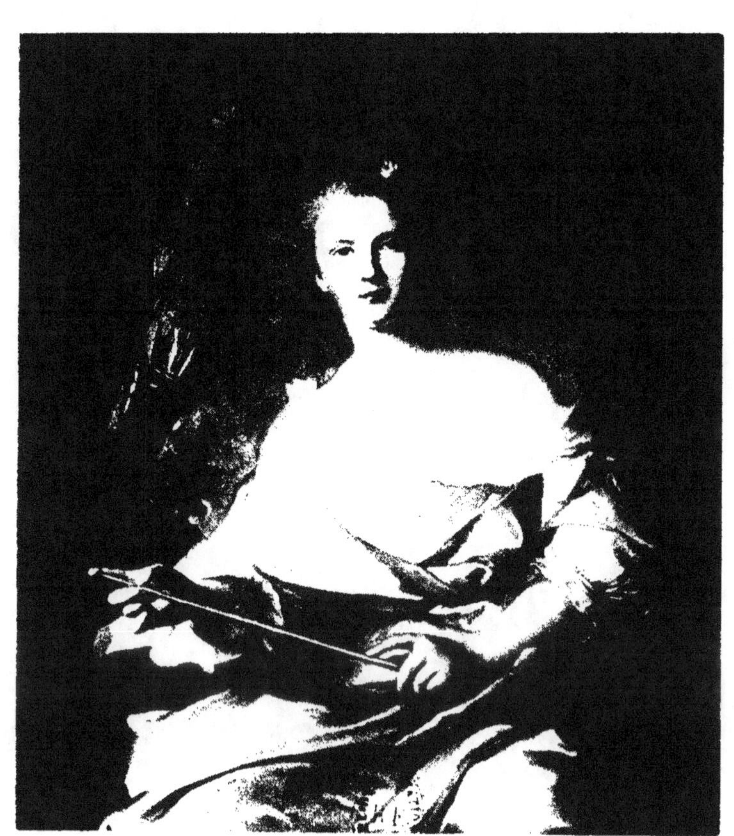

carquois suspendu, avec l'arc, aux branches
d'un arbre ; c'est Marie de La Rochefoucauld,
duchesse d'Estissac et sœur de la duchesse
d'Enville. Les deux peintures sont demeurées
dans la famille de ces grandes dames ; la première appartient aujourd'hui à M. le duc de La
Roche-Guyon, la seconde à M. le comte Aimery
de La Rochefoucauld ; on ne saurait les souhaiter en meilleures mains.

Ces tableaux sont les types les plus parfaits
de deux compositions que Nattier répétera à
satiété. Nous avons déjà rencontré plus d'une
« source » ; le nombre de ses « Diane » ou de
ses « nymphes chasseresses » n'est pas moins
grand. L'année même où il peint la duchesse
d'Estissac, il expose un portrait de Madame
Bonier de la Mosson, semblablement dévêtue,
assise au pied du même arbre, mais tenant
l'arc de la main gauche et la flèche de la main
droite. La dame Bouret, de la collection Blumen-
thal, est dans le même costume. De modestes
variantes suffisaient à satisfaire la clientèle du
peintre. On ne lui demandait aucun effort
d'imagination, et moins encore d'observation.
Peu de personnes gardaient à l'esprit cette
notion juste du portrait, qui était celle des
maîtres anciens et que Cochin formule avec

simplicité : « Il est naturel de se faire peindre
dans l'habit où l'on est le plus ordinairement
ou dans celui qui caractérise son état ; de tout
temps, dans les portraits, on a eu en vue, en
conservant sa ressemblance à sa postérité, de
conserver les usages de son siècle... »

Il faut alors suivre le goût des modèles,
satisfaire leurs prétentions, obéir à leurs
caprices. Pour reposer son pinceau de tant de
portraits maniérés, Nattier s'est plu à peindre
sa fille aînée, la future Madame Tocqué, dans la
pose la plus naturelle, toute simple et toute
vivante. Elle a cet air de bonhomie un peu
bourgeoise qu'elle tient de son père, mais que
relève une grande douceur dans les traits. Le
peintre sait l'âme de son enfant, et il la dit
toute dans l'expression des grands yeux bleus
et de la bouche bonne et si peu fardée. En ce
moment, il ne travaille point pour laisser à l'a-
venir un délicieux mensonge ; il ne pense qu'au
plaisir de son cœur. Et c'est vraiment un morceau de vérité que cette jeune fille au joli sourire, dont la tête, parée d'une seule fleur et d'un
ruban bleu, s'appuie sur un bras blanc et
potelé. L'autre maintient une brochure ouverte. La robe, sans falbalas, s'ouvre avec
grâce ; on aperçoit la pure ligne de l'épaule

tombante et la naissance d'une blanche poitrine. Cette toile eût ravi Diderot, qui sera si
sévère un jour pour les dernières œuvres du
peintre, de plus en plus éloignées de la simplicité d'un tel portrait.

Aucune de ses belles commandes ne servit
mieux la carrière de Nattier que celle de la
duchesse de Mazarin, qui l'appela un jour
auprès de ses deux cousines, la marquise de
Flavacourt et la marquise de la Tournelle, deux
jeunes femmes qui venaient d'être présentées
à la Cour et qui étaient destinées à y occuper
un rang digne de leur naissance et de leur
beauté. C'étaient les deux cadettes des cinq
filles de Louis de Mailly, marquis de Nesle,
dont l'aînée, la comtesse de Mailly, était connue
depuis peu comme la maîtresse de Louis XV.
Madame de Mazarin, veuve en premières noces
du marquis de La Vrillière, secrétaire d'État,
était née Françoise de Mailly, et se trouvait
sœur du mari de la favorite ; par sa seconde
union avec le duc de Mazarin, elle était devenue
la belle-mère de la marquise de Nesle, mère des
cinq filles, dont elle était, comme Mailly, cou-
sine au cinquième degré. La marquise étant
morte en 1729, dame du palais de la Reine, la

duchesse de Mazarin avait élevé la dernière fille, mariée fort jeune, en 1734, au marquis de la Tournelle, et qui allait être veuve en 1740 ; c'était la future duchesse à brevet, qui devait rendre fameux le nom de Châteauroux. A cette époque, Madame de Mazarin, dont l'influence était grande à la Cour et qui aimait fort ses cousines, ne cherchait qu'à les soutenir dans le monde. Elle fit peindre les plus jeunes par Nattier et désigna sans doute les allégories. Celle qui venait d'épouser, en 1739, le marquis de Flavacourt, fut représentée en *Silence ;* la marquise de la Tournelle, en *Point du Jour.* L'artiste exécuta, en 1740, ces deux portraits, dont les originaux semblent perdus, mais qui sont connus par des répétitions, de valeur et de dimensions inégales, permettant de les décrire.

Si l'on prend pour une esquisse le petit tableau du *Point du Jour,* qui est au musée de Marseille, en assez mauvais état, on peut croire que l'idée première du peintre devait être de grandes figures en pied, disposées en hauteur. Une jeune femme est assise sur des nuages, tenant une courte buire d'argent de la main droite et une torche de la main gauche. La poitrine opulente soutient un visage aux traits fermement accentués et à l'expression impérieuse. La jambe droite se replie sur un siège imaginaire, tandis que la jambe gauche est extrêmement allongée ; l'une et l'autre sont couvertes d'une draperie blanche et bleue qui ne laisse apparaître que les pieds. L'allégorie se trouve marquée, outre la torche, par la buire, d'où s'échappe un filet d'eau symbolisant la rosée matinale, et par l'étoile qui brille au-dessus de la brune chevelure.

Le portrait original fut-il exécuté seulement à mi-corps? Les répétitions existantes arrêtent la composition au-dessus du genou gauche. Le pendant de ce tableau, *le Silence,* n'est même connu que par la composition en largeur. La scène n'est plus dans les nuages ; un exemplaire présente des colonnes sur la droite, qui indiquent vaguement un palais. A gauche dort, sous un rideau, un petit enfant qui est certainement l'Amour, car la jeune femme lui a dérobé l'arc et la flèche ; elle tient son gracieux larcin de la main droite et, d'un geste charmant de la main gauche, semble recommander au spectateur de n'en rien dire. Elle a la poitrine découverte, un bracelet de perles au poignet droit, et une draperie analogue à celle du *Point du Jour.* D'après ce tableau, Madame de Flavacourt aurait eu, dans sa beauté brune, des traits plus impérieux encore que ceux de la future Madame de Châteauroux.

Bien qu'elles ne fussent pas présentées au jugement du public, ces deux toiles eurent un succès retentissant à la Cour. Le Roi, la Reine et les princes les voulurent voir, et Nattier pénétra par elles dans ce grand Versailles, où il n'avait point encore été appelé. Le portrait de Madame de la Tournelle, qui la montrait dans tout l'éclat d'une jeunesse triomphante, servit également les intérêts de l'ambitieuse jeune femme. Madame de Mailly manquait du charme extérieur qui brillait en cette sœur plus favorisée et que Nattier avait mis en relief avec puissance. L'installation à la Cour de Madame de la Tournelle lui permit de supplanter une maîtresse, dont l'amour timide, inquiet et jaloux, avait fatigué le Roi. Triomphante et comblée, elle n'oublia point son peintre.

Les pièces de la comptabilité des Bâtiments du Roi qui se rapportent à des commandes faites à Nattier mentionnent quatre portraits de petites dimensions, exécutés en 1743, pour la chambre à coucher de Madame de Châteauroux. Cette chambre était celle de l'appartement qu'elle avait obtenu, dès son arrivée à

Versailles, en décembre 1742, et qui était situé dans l'attique, au-dessus des Grands Appartements. Nous avons établi ailleurs que cette pièce, qui existe encore, est celle qui a servi à Madame de Pompadour pendant tout le temps qu'elle a été la maîtresse du Roi. Les tableaux que Louis XV y fit mettre pour Madame de Châteauroux devaient être placés en dessus de porte. Ils représentaient, suivant l'indication des documents : « 1° Madame de Châteauroux la mère ; 2° Madame de Châteauroux ; 3° Madame sa sœur ; 4° Une autre sœur ; lesdits portraits estimés chacun 400 livres. » La première mention désigne assez naïvement la marquise de Mailly-Nesle, née Mazarin, à qui l'illustration de sa fille, devenue duchesse à brevet, fait donner le nom extraordinaire de « Madame de Châteauroux la mère ». De cette singulière série de famille commandée expressément par le Roi, rien n'est demeuré dans les collections de la Couronne ; mais on ne doit pas renoncer à satisfaire une curiosité qu'éveille aisément une telle destination de ces ouvrages.

Il existe, au château qui est l'ancienne abbaye de Longpont, quatre beaux portraits de femme en dessus de porte, exécutés assurément d'après les originaux de Nattier, et qui représentent, suivant une tradition de famille, les sœurs de Nesle. Nous croirions volontiers que ces dessus de porte reproduisent fidèlement ceux qui ont figuré à Versailles, et ce qui donne chance de vérité à cette supposition, c'est qu'il y a seulement trois figures de très jeunes femmes, et que la quatrième est sensiblement plus âgée. Vue jusqu'aux genoux, comme les trois autres, elle s'en distingue encore en ce qu'elle porte un voile sur la tête. C'est une sorte de Muse jouant de la lyre ; l'instrument, orné d'un soleil, repose sur une pile de livres et sur un cahier de musique, où des notes se lisent distinctement, avec quelques paroles italiennes. Cette Muse serait la marquise de Nesle.

Les trois sœurs sont représentées en Saisons ; comme il sied, ce sont les trois belles saisons de l'année. Il n'est pas malaisé de reconnaître, dans *l'Été,* Madame de Châteauroux elle-même ; elle est assise au pied d'un arbre et appuyée sur une gerbe de blé où se mêlent des fleurs ; un long collier de perles glisse dans les plis de la chemise à peine entr'ouverte ; le délicat visage, au regard sérieux et fier, se couronne d'épis dorés. C'est peut-être le plus charmant portrait que nous ayons de la favorite et celui où les traits impérieux et volontaires se tempèrent le mieux de grâce féminine. *Le Printemps* est une femme dont la physionomie rayonne davantage ; elle a le corsage orné d'une guirlande de fleurs et semble s'interrompre d'en tresser une autre, qu'elle soulève d'un geste jeune et harmonieux ; nous y voudrions reconnaître Madame de Lauraguais. L'autre sœur, la moins jolie, est représentée en *Automne ;* elle tient d'une main une grappe de raisin et de l'autre tend une coupe ; cette image fait penser à Madame de Flavacourt. Telles auraient été les compositions de Nattier, commandées par le Roi, qui ont disparu du Château de Versailles au moment où les chambres de Madame de Châteauroux furent arrangées pour Madame de Pompadour, au printemps de 1745. « On travaille..... à l'appartement de Madame de Châteauroux pour Madame d'Étioles, écrivait le duc de Luynes le 19 juin ; on change presque entièrement cet appartement. » Évidemment, les anciens portraits n'y pouvaient être maintenus, avec cette destination nouvelle.

L'identification que nous proposons détruit l'hypothèse récemment émise qui faisait de la *Madeleine* du Louvre un des dessus de porte,

et le seul conservé, de la chambre à coucher
de Madame de Châteauroux. Le célèbre tableau n'a aucun des caractères de cette sorte
de décoration, et ne rentre en rien dans un
genre dont Nattier a laissé tant de modèles ; de
plus, si l'on admet qu'il représente la comtesse
de Mailly, il est évident qu'il n'a pu figurer
chez Madame de Châteauroux ; quelque sin-
gularité qu'on reconnaisse au caractère de
Louis XV, on ne peut croire qu'il ait placé
en pareil lieu l'image de la maîtresse délaissée,
de celle qui avait été renvoyée si durement et
qu'il ne voulut plus revoir. Mais faut-il voir,
avec M. Fernand Engerand, dans la *Madeleine*
du Louvre, le portrait de la première favorite du
Roi ? Nous l'admettons aisément, en trouvant
un premier indice dans la façon discrète dont
le mentionne l'inventaire si précis de Jeaurat :
« Un portrait sous la figure d'une pénitente. »

Rien n'oblige à penser, il est vrai, que cette
représentation de Madame de Mailly, en pénitente au désert, se rapporte, par une allusion
certaine, au moment où, confinée dans la
retraite, à Paris, elle tint courageusement,
selon le mot de Bernis, « le rôle de Madeleine
repentante ». Il était d'usage, au xviiie siècle,
que les femmes vivant dans le monde se fissent

peindre sous un habit religieux ou vêtues en
recluses ; le portrait de Mademoiselle de Charolais, dans le costume des Cordeliers, est un
des plus fameux exemples de cette mode, assez
irrévérencieuse en un tel cas. On voit, en 1752,
Coypel exécuter, pour Marie Leczinska, un
portrait de Madame Henriette précisément « en
pénitente du désert ». Ce pieux travestissement a pu tenter Madame de Mailly au temps
même de sa faveur, et l'art de Nattier devait
naturellement s'y plaire. Le plus intéressant
est que tous les traits de la comtesse se reconnaissent dans la peinture du Louvre ; voici
bien son grand front, ses joues un peu plates,
sa bouche grande, son teint plus brun que
blanc, et ses yeux, assez beaux, au regard vif
et quelque peu dur. Ainsi nous la décrivent les
contemporains, et le peintre, sur tous ces
points, est d'accord avec leur témoignage. Il a
pu se servir, pour la représenter en pénitente
au désert, d'une étude faite seulement d'après
la tête ; il est fort naturel, en tout cas, de
compter Nattier parmi les seize peintres qui,
au dire de l'aînée des sœurs de Nesle, avaient
été admis à l'honneur de reproduire son visage.

Quoi qu'il en soit d'une identification qui
donnerait au tableau un attrait particulier, on

ne peut, pour des raisons de technique, l'attri-
buer à une époque postérieure de la carrière
de l'artiste. L'œuvre est, par elle-même, intéressante et d'une composition heureuse. La
pénitente, sainte Madeleine si l'on veut, est
assise, vêtue de blanc, dans une grotte au bord
de l'eau, où le jour pénètre très lumineux par
une trouée du rocher. De lointaines montagnes
y apparaissent sur un horizon laiteux, et, plus
près, une maisonnette de bois, humble comme
un ermitage. La gracieuse pécheresse, joli-
ment appuyée sur la pierre, soutient d'une
petite main sa tête rêveuse. Ses pieds nus,
dans les sandales, ont une délicatesse enfantine sous les cordons de soie qui les enlacent.
Le Psaume de la Pénitence, que montre un
livre ouvert sur ses genoux, explique l'expression méditative. Rien, dans le tableau, qui
localise ou date ; mais il s'en dégage un sentiment adouci de résignation et de solitude,
comme un semblant de chose éternelle.

Parmi les autres tableaux peints par Nattier à ce moment de sa vie, et qui se recom-
mandent d'un nom fameux, citons celui où
l'on veut voir le portrait de Madame de Vintimille et qui appartint à la famille de Laigle.

Nattier, assurément, a dû représenter aussi
cette autre sœur, dont le caractère passionné
et hardi rachetait les imperfections physiques.
On croit la trouver dans sa composition gravée
avec la légende : « La Nuit passe et l'Aurore
paraît », où la figure de l'Aurore est certainement le portrait d'une femme laide et intéressante. « Elle était, dit le duc de Luynes, d'une
de ces laideurs qui impriment plus la crainte
que le mépris ; sa taille était gigantesque. »
Une sœur malveillante, Madame de Flavacourt,
la décrit ainsi : « Figure de grenadier, col de
grue... » Peut-on penser à de telles paroles
devant cette mystérieuse image de Flore son-
geuse, aux grands yeux caressants, à la grâce
triste, dont la tête brune s'incline en sa rêve-
rie ? La chemisette, à demi glissée, laisse apercevoir les épaules blanches et le sein délicat.

Ce tableau est célèbre par la beauté du
modèle ; il est vrai que, visiblement, c'est une
beauté arrangée ; l'on sent fort bien que, dans
la réalité, elle a pu manquer entièrement, et
l'on devine, plus qu'ailleurs, une interprétation volontaire de l'artiste. L'œuvre est datée
de 1743, comme cette « femme à l'œillet » de
la collection Henri de Rothschild, d'une exécution aussi parfaite et dont le mystère n'irrite

pas moins la curiosité. Pour le portrait supposé de Madame de Vintimille, il faudrait
admettre qu'il aurait été exécuté sur une étude
antérieure, après la mort de la marquise, sur-
venue le 10 septembre 1741. Nattier ayant fait
d'autres portraits posthumes, on ne peut
exclure cette hypothèse ; mais comment croire
que cette image, rayonnante d'intense vie,
n'ait pas été créée devant la vie ?

C'est à ce moment de la carrière de Nattier
que se place la mode des Hébés. Il rajeunit
assez hardiment, à l'usage des femmes de la
Cour, les motifs classiques, l'aiguière et la
coupe, où la déesse verse l'ambroisie, et l'aigle
de Jupiter qui l'accompagne. Un tel portrait
devenait un brevet d'immortelle jeunesse, et
toute femme souhaita le posséder. Cela n'allait
point sans quelque moquerie pour le modèle,
pour l'artiste et pour tant de maladroits imita-
teurs. Bientôt Cochin, énumérant avec esprit
les arrangements de notre peintre, se rira du
goût des femmes de cette époque : « On a lieu
de croire, dira-t-il, qu'un de leurs principaux
amusements était d'élever des oiseaux, même
les plus difficiles à apprivoiser, tels que des
aigles, à qui elles donnaient du vin blanc dans

des coupes d'or. » Quelques belles œuvres de
Nattier, d'une virtuosité triomphante, sauvèrent
cette mode du ridicule.

Après un premier essai du type d'Hébé,
cinq ou six ans plus tôt, en faveur d'une jeune
femme de la maison de Rohan, nous voyons
Nattier, en 1744, le reprendre pour un portrait
moins brillant, où l'aigle, tout à fait « appri-
voisé », se prête paisiblement aux caresses
d'une main blanche. Puis, au Salon de 1745,
paraissent deux grandes figures, que le peintre
n'hésite pas à exposer ensemble et qui renou-
vellent ingénieusement le groupe de la femme
et de l'aigle. L'oiseau divin se précipite avec
violence, les ailes éployées, la foudre dans les
serres, sur la coupe d'or et de cristal que
tendent les déesses. Celles-ci, revêtues du
calme souriant de l'Olympe, sont toutes parées
de fleurs, enroulées autour des bras de l'une,
du buste de l'autre, et posées au front de toutes
deux comme des étoiles. Elles regardent tran-
quillement le spectateur, n'ayant d'autre souci
que de faire admirer leur beauté ; et le visiteur de l'exposition du Louvre reconnaît, non
sans agrément, sur ces nuages sillonnés par la
foudre, Madame la duchesse de Chartres, belle-
fille du premier prince du sang, et Madame

la duchesse de Chaulnes. L'année suivante,
toutes les femmes veulent être en Hébé, et
Nattier n'y peut suffire. Il expose encore, sous
cette allégorie, le portrait d'une dame Desfourniel, qui est apparemment une fort belle
personne ; mais, les bourgeoises se mêlant
d'entrer dans l'Olympe, les duchesses n'en
veulent plus, et le peintre renonce aux
aiguières, aux aigles et à la foudre.

Parmi les Hébés de 1745, figure une princesse dont l'iconographie, embrouillée à plaisir
par les attributions arbitraires en usage au
siècle dernier, donne place encore à de grandes
incertitudes. C'est Louise-Henriette de Bourbon, fille du prince de Conti, née en 1726, mariée
à dix-sept ans au duc de Chartres, en 1743,
devenue duchesse d'Orléans en 1752 et morte
au Palais-Royal en 1759. La mère de Philippe-
Égalité a laissé peu de trace dans l'histoire ;
elle aurait, en revanche, si l'on en croyait les
traditions, posé sans cesse devant les peintres,
et un grand nombre de fois devant Nattier
lui-même. Après avoir enlevé son nom à plusieurs peintures de Versailles, aurions-nous la
hardiesse d'émettre un doute devant le portrait
du musée Condé ? C'est précisément une Hébé

LA DUCHESSE DE CHAULNES

A M. Carlos de Beistegui

encore, un peu moins jeune que les autres, un peu moins séduisante, et devant qui l'aigle, apaisé, bat des ailes au repos. Cette toile, non signée, qui provient de la maison de Condé et qu'a gravée Hubert, est loin d'être sans mérite, et elle sert à représenter, dans une illustre collection, la grande manière de Nattier ; mais est-elle entièrement de sa main ? Montre-t-elle même, à un âge plus avancé, la princesse du grand tableau du musée de Stockholm, qui a figuré au Salon du Louvre et porte sur l'original la date de 1744 ? Nous n'oserions l'affirmer, si nous ne trouvions l'œuvre à Chantilly. On peut faire encore, en passant, une observation accessoire assez curieuse. Le bas du tableau et celui du portrait de la duchesse de Chaulnes sont absolument identiques ; la draperie bleue et la chemise blanche qu'elle recouvre en partie sont disposées de même, au milieu de nuages pareils, et la même partie de la jambe gauche est laissée nue. Le corps est d'ailleurs dans un mouvement semblable, bien que les bras fassent des gestes différents. Nous avons là un exemple de la façon dont le peintre utilisait et répétait, sans la moindre gêne, en plusieurs tableaux, les arrangements dont il était satisfait.

Ce Salon de 1745, où Nattier parut avec
quatre portraits fort importants, deux portraits
en buste et la grande composition décorative
de *la Force,* semble avoir été son exposition
la plus considérable. Non seulement il s'y présenta, après une abstention de trois années,
avec les spécimens les plus divers et les mieux
choisis de son talent, mais on put s'apercevoir
que ses modèles devenaient de plus en plus
illustres. A côté du duc et de la duchesse de
Chartres, il avait obtenu la permission de
montrer un des portraits des Filles de France,
celui de Madame Adélaïde en Diane. Ainsi
s'affirmait le changement qui venait de sur-
venir dans sa carrière et qui allait faire de lui
le peintre attitré de la Famille royale.

III

LE PEINTRE
DE LA FAMILLE ROYALE

Comment Nattier devint le peintre des filles de Louis XV et fut amené à faire les portraits de toute la Famille royale, Madame Tocqué l'a raconté à propos des deux toiles de 1740 représentant les filles du marquis de Nesle : « Ces deux tableaux, dit-elle, qui sont pour ainsi dire les chefs-d'œuvre de M. Nattier, firent tant de bruit à la Cour, qu'ils excitèrent la curiosité de la Reine, qui, les ayant vus, fut si frappée de leur parfaite ressemblance, qu'elle ordonna sur-le-champ à M. Nattier de commencer le portrait de Madame Henriette. Il peignit cette princesse faisant une couronne de fleurs, figure entière ; ce tableau est sur la cheminée du cabinet de la Reine... »

Il peut paraître singulier, au premier abord,
que la reine Marie Leczinska ait choisi pour
ses filles le peintre des jeunes femmes de la
famille de Nesle ; mais si Madame de Mailly,
il est vrai, se trouvait être la maîtresse du
Roi, si Madame de Vintimille tâchait de le
devenir, rien n'indiquait que ce fût aussi le
désir de leur sœur, Madame de la Tournelle.
Leur famille était une des plus grandes de la
Cour ; leur mère, feu la marquise de Nesle,
avait rempli, de son vivant, la charge de dame
d'honneur de la Reine, et la duchesse de Mazarin, qui avait commandé à Nattier le portrait
de ses nièces, était encore dame d'atours. La
Reine ne vit se révéler, en ces deux chefs-
d'œuvre admirés autour d'elle, qu'un excellent
peintre de jeunesse, doué pour flatter avec
esprit et pour caresser une vanité royale et
maternelle par des œuvres ingénieuses.

« L'élève des Grâces », appelé à la Cour,
fut obligé de chercher, pour la princesse Henriette, une composition qui n'eût point servi.
Nous avons reconnu nous-même l'œuvre délicieuse qui marqua ses débuts à Versailles et
lui valut une série de commandes aujourd'hui
célèbres, depuis que le Château les présente à
nouveau dans leur ensemble longtemps dédai-

gné et avec les désignations authentiques.
Cette première toile porte les traces dorées
d'un encadrement chantourné, qui rappelle
son emplacement primitif ; elle a figuré, en
effet, dans le grand cabinet intérieur des appartements de la Reine, ce cabinet doré qu'a fait
transformer entièrement Marie-Antoinette, et
elle s'est trouvée encadrée dans une bordure
fixe au-dessus de la glace de cheminée. Un
dessin inédit de Gabriel fait connaître la disposition de ce panneau, fréquente dans les
décorations du xviiie siècle.

La place exceptionnelle donnée au portrait
de Madame Henriette dans les intérieurs de sa
mère s'explique par le rôle à la Cour qui était
accordé à la princesse. Depuis que sa sœur
jumelle, aînée des Filles de France, avait
épousé en 1739 l'Infant don Philippe, c'est
elle qui portait le nom de *Madame*. Elle était,
au moment où Nattier la peignit, dans sa quin-
zième année. Il l'a représentée en Flore ou
plutôt en « Nymphe couchée dans une prairie ;
elle s'occupe à former une couronne avec des
fleurs ». Ainsi s'expriment les pièces comptables des Bâtiments. Le mémoire original de
l'artiste indique que le caractère décoratif de
l'œuvre l'emportait sur le portrait : « Mémoire

d'un tableau fait par Nattier pour l'appartement de la Reine à Versailles pendant l'année 1742, suivant les ordres de Mgr Orry, ministre d'État, contrôleur général des Finances, directeur et ordonnateur général des Bâtiments du Roi. Ledit tableau est de 5 pieds 2 pouces de long, sur 4 pieds de hauteur, représentant une jeune personne couchée sur l'herbe au bord d'un ruisseau, s'amusant à faire une couronne de fleurs, sur un fond de paysage riche, la tête faite d'après Madame, suivant les ordres de la Reine, pour la somme de 3,000 livres. » Le mémoire, payé partiellement en mai 1742, a été réduit et arrêté à 1,800 livres.

On comprend aisément que ce travail ait plu à la Famille royale et commencé auprès d'elle la fortune du peintre. L'image de la très jeune princesse, légèrement vieillie, n'admet que discrètement la défiguration mythologique. Dans une pose élégante, elle est couchée au bord d'une eau qui court, et ses doigts tressent une couronne d'églantines ; des sandales chaussent les petits pieds nus. La poitrine et les bras sont d'un pur dessin, et la robe flottante accuse des formes harmonieuses. La tête rayonne dans la lumière ; les yeux sourient sous un front élevé ; la bouche est fraîche comme les fleurs du gazon. Sur la gauche se dresse une plante de pavot ; dans le lointain s'esquissent la silhouette d'une ville, avec des maisons, des tours, et des collines à l'horizon. Toute la scène est enveloppée d'une caresse printanière.

Le Roi, qui aimait ses filles, mettait en elles une fierté de jeune père ; comptant les voir toujours jolies, il faisait de Nattier leur peintre attitré. Mais, avant de s'entourer de leurs images, dues à ce pinceau sans pareil, il se fit peindre lui-même. C'est ici, en effet, que se place dans la carrière de l'artiste cette consécration suprême que la plupart des peintres français ambitionnaient, l'honneur de faire le portrait de Sa Majesté. En cette belle série iconographique qui nous donne les traits de Louis XV, de son enfance à sa vieillesse, et où se classent tant d'œuvres importantes de Rigaud, des Vanloo, de Parrocel, de La Tour, de Drouais, il faut réserver aussi une place à Nattier ; et, si elle ne lui est point faite jusqu'à présent, c'est que l'œuvre qui la justifierait est inconnue.

Ce mystérieux portrait de Louis XV par Nattier est pourtant mentionné en maint document, et tout d'abord par Madame Tocqué, qui énumère avec complaisance les travaux de son père pour la Cour : « Peu de temps après ces premiers ouvrages....., le Roi lui fit donner l'ordre, par MM. les ducs de Villeroy et d'Estissac, de venir commencer son portrait à Versailles. » Les pièces comptables du service des Bâtiments attestent à plusieurs reprises l'existence de l'œuvre qu'un mémoire de Nattier, pour l'année 1745, décrit ainsi : « Le portrait du Roi en buste, peint en cuirasse et orné du manteau royal, livré à Sa Majesté au mois d'août de la présente année, 1,500 livres. Livré, dans le même temps, deux belles copies du même portrait, 600 livres. » L'état récapitulatif de 1762, dressé sur les ordres de M. de Marigny, ne fait figurer qu'une seule copie ou réplique fournie par le peintre, mais ajoute des détails importants pour fixer la date : « Portrait du Roi, pour Madame de Châteauroux, 1,500 livres. Copie du même portrait pour Madame de Lauraguais, 300 livres. » Madame de Châteauroux étant morte le 8 décembre 1744, ce n'est donc pas à l'année 1745 qu'il faut rapporter la commande ; c'est à la période de faveur de la duchesse, qui va de la fin de 1742 à la fin de 1744, avec la courte interruption de Metz.

Si l'on n'a pas l'œuvre principale, destinée

à Madame de Châteauroux, nous en reconnais-
sons des copies ou des répétitions, dont la
plus belle est à l'Ermitage. Peut-être est-ce
l'exemplaire donné à Madame de Lauraguais,
sœur préférée de la maîtresse, qui vivait avec
elle dans la familiarité royale, qui fut sa compagne du voyage de Metz et dont la faveur
survécut à la mort de la favorite. Il est curieux
de voir comment cette œuvre, réservée à l'intimité, et qui n'a pas été aussi multipliée par
les copistes que les autres portraits du Roi,
interprète cette énigmatique physionomie.

Louis XV a trente-deux ans ou trente-
quatre peut-être. Ce qui frappe le plus dans
l'œuvre de Nattier, c'est l'extrême rajeunis-
sement dont il l'a doté, et qui ferait hésiter à
le nommer, sans la présence du manteau royal.
C'est pourtant bien le regard caressant du Bien-
Aimé, les beaux yeux si doux, qui dissimulent
son âme secrète, et qu'on retrouve jusque dans
le portrait vieilli de Drouais ; ce sont bien ses
traits réguliers et fins, cette prestance élégante, qui faisaient de lui « le plus beau gentilhomme de son royaume ». Le visage toutefois a subi une déformation caractéristique.
Ce n'est pas seulement le caractère efféminé
que Nattier donne à tous ses modèles mascu-

lins ; il y a aussi, semble-t-il, quelque chose de
maladif dans ce menton légèrement émacié,
dans ce nez aminci, dans ces traits plus déli-
cats que de coutume. Faut-il y voir les traces
de la maladie à laquelle le Roi échappa pendant son séjour à Metz, et qui fut cause de son
éphémère « conversion » ? Est-ce au retour à
Versailles, et pendant les quelques jours qui
précédèrent la mort de Madame de Châteauroux, reprise alors par son amant, que celui-
ci accorda à Nattier la séance destinée peut-
être à un souvenir de réconciliation ? Les lecteurs familiers avec la chronique de la cour de
France savent exactement à quels moments
on fait ici allusion. On expliquerait ainsi fort
aisément comment le portrait commandé pour
Madame de Châteauroux ne fut livré au Roi
que l'année suivante. Mais ce ne sont là que
des hypothèses ; tenons-nous-en à l'intérêt de
curiosité que présente, dans l'iconographie de
Louis XV, le témoignage de Nattier.

Le sens féminin de Nattier qui affadit
presque tous ses portraits d'homme, et dont le
portrait de Louis XV est un des plus singuliers
exemples, va trouver à s'épanouir dans la série
des portraits de Mesdames de France. Il com-

mence alors à travailler pour ces princesses, les peignant à tous les âges, sous tous les costumes et dans toutes les attitudes, éludant la fadeur des unes, sans trop sacrifier de la ressemblance, mettant en valeur, par son art le plus raffiné, le piquant des autres. Le Roi lui commande, dès 1745, outre une copie à son usage du portrait de Madame Henriette, un portrait de Madame Adélaïde, destiné à y faire pendant, et la copie légèrement réduite de ces deux pendants, qu'on doit envoyer en Espagne à la sœur éloignée, Madame Infante. Les exemplaires que garde leur père sont destinés à sa chambre à coucher, dans le château qui est alors sa maison préférée, ce Choisy qu'il fait remanier, agrandir, embellir pendant la campagne de Fontenoy, et où Gabriel bâtit un corps de logis nouveau, qui va coûter cent mille écus.

Le Roi a décidé d'aller vivre quelque temps, dès son retour de Flandre, en ce Choisy transformé, afin de s'y reposer avec un petit nombre d'amis et de compagnons d'armes, et dans la société de la nouvelle marquise de Pompadour, qu'il présente pour la première fois en maitresse. Quand il y arrive, le 16 septembre, il trouve en place les œuvres de Nattier décrites

au début du mémoire suivant : « Livré, dans
le mois de septembre 1745, une copie du portrait de Madame, dont l'original est dans le
cabinet de la Reine à Versailles ; le tableau
est chantourné, a 5 pieds de long sur 3 pieds
4 pouces de haut. Il représente une Nymphe
couchée dans une prairie qui s'occupe à former
une couronne avec des fleurs. Le fond du tableau est un paysage : 400 livres. Avoir peint
Madame Adélaïde sous la figure de Diane dans
les bois, tenant un arc et des flèches. Le fond
du tableau est une forêt, à travers de laquelle
on découvre une belle campagne. Ce tableau
est de même grandeur que celui de Madame,
et sont tous deux placés dans la chambre du
Roi à Choisy, du 12 septembre de la présente
année : 1,500 livres. Plus, avoir fait, pendant
le dernier voyage à Fontainebleau, deux copies
des portraits de Mesdames pour Madame l'Infante. *Ces deux copies sont entièrement faites
par ledit S*^r^ *Nattier ;* c'est la condition qu'en
a faite Madame la duchesse de Tallard. Elles
sont à peu près grandes comme les originaux,
c'est-à-dire 4 pieds de long sur 3 pieds de haut :
600 livres. »

Ces divers exemplaires de Madame Henriette en Flore et de Madame Adélaïde en Diane

MADAME INFANTE

(LOUISE-ÉLISABETH DE FRANCE, DUCHESSE DE PARME)

Musée de Versailles

ne sont pas les seuls qui soient sortis de l'atelier de l'artiste. De cette première commande de 1745, il fut payé en trois fois par le service des Bâtiments du Roi, et toucha son dernier acompte le 16 juin 1746 ; mais un mémoire postérieur, dont on retrouve trace dans l'état général des portraits dus à Nattier, mentionne de façon très nette une autre copie des deux tableaux de Choisy exécutée en 1746, et qui fut précisément expédiée à Madame Infante, « lorsque cette princesse était encore en Espagne ». Ces copies étaient estimées au prix considérable de 1,200 livres l'une. Les exemplaires réduits, peints pendant le séjour à Fontainebleau en 1745, c'est-à-dire en octobre et novembre, furent peut-être conservés en France pour une autre destination.

Cette multiplicité de commandes explique l'existence d'exemplaires ayant une sérieuse valeur d'origine, et que les dimensions peuvent aider à faire reconnaître. Si l'on retrouve le premier original de la Flore, fait pour la Reine, et une excellente Diane, non signée cependant, au musée de Versailles, il faut citer aussi les toiles qui figurent au château de Ferrières, celles qu'on expose à Florence dans les appartements royaux du Palais Pitti, et enfin celles du Palais royal de Madrid, dont la provenance n'est pas douteuse. Parmi ces tableaux, ceux du Palais Pitti présentent l'un et l'autre la signature et la date : la Flore est datée de 1742, la Diane de 1745. Ce sont des répliques de premier ordre, exécutées ensemble et que nous croyons volontiers de la même année 1745, malgré le chiffre porté sur la première. Légèrement moins grandes que les tableaux de Versailles, il faut y reconnaître sans aucun doute ces copies commandées par la duchesse de Tallard et « entièrement faites par ledit sieur Nattier », ce qui justifie la répétition de la signature de l'artiste.

L'étude de la tête de Madame Henriette faite pour le premier tableau, paraît être celle qu'expose le musée de Bordeaux, sans le nom de la princesse, et qui fournit un exemple assez rare des « préparations » de Nattier. Les dessins des deux compositions fameuses ont figuré en 1784 à la vente du vicomte de Vaudreuil. Un dessin mis au carreau du portrait de Madame Adélaïde porte le tracé de l'encadrement chantourné de la chambre de Louis XV à Choisy.

Madame Adélaïde avait treize ans à peine quand Nattier la peignit pour la première fois, c'est-à-dire deux ans de moins que n'avait eu, dans les mêmes circonstances, sa sœur Henriette. Sa transformation en Diane est marquée seulement par le petit croissant qui brille sur ses cheveux et par l'arc qu'elle s'apprête à munir d'une flèche prise au carquois posé auprès d'elle. Elle est assise au pied d'un rocher, au milieu d'un noble paysage, où des arbres font un second plan, d'autres plus éloignés se mirent au bord de l'eau. Avec la robe rose foncé qui drape un corps charmant, elle ne porte ni fleurs, ni bijou, ni dentelle ; une simple écharpe tigrée soutient son buste ; les pieds sont nus sous les cordons lacés des sandales. La petite tête est d'une expression grave et rêveuse ; la bouche reste cependant enfantine ; l'ensemble est d'une douce séduction.

Le nu un peu hardi des jeunes déesses se trouve sensiblement diminué dans les exemplaires, d'ailleurs exquis, qui sont à Ferrières. Les variantes méritent d'être notées. La chemisette portée par les princesses est plus large avec une bordure coquillée ; pour la Flore notamment, elle couvre non seulement la naissance du sein, mais encore une partie de l'épaule ; le lien qui la resserre va même passer derrière le cou. Il y a eu là, visiblement, une intention de décence. Faut-il y voir des exemplaires de Marie Leczinska, qui aurait préféré

posséder et exposer chez elle l'image de ses
filles moins mythologiquement dévêtues ? Ce
n'est guère probable, en vérité, l'original de
la Flore ayant été fait pour la Reine et mis
dans son cabinet de Versailles. Seraient-ce
plutôt des répétitions arrangées à l'usage d'une
cour étrangère, moins disposée à supporter,
pour des portraits de jeunes princesses, un
déshabillé qui ne choquait point la cour de
France ?

Après les sœurs, Nattier peignit le frère, et
c'est à l'occasion de ce portrait du Dauphin
qu'il prit le titre de « peintre ordinaire du
Roi ». Le prince de dix-huit ans, ayant reçu à
Fontenoy l'initiation militaire et s'étant fort
bien comporté en cette belle campagne, tenait
à fixer cet honorable souvenir, et faisait appel
pour cela à l'artiste qui avait peint jadis le
premier portrait du jeune guerrier devenu depuis le maréchal de Saxe. Aucune allégorie
cependant ne s'y mêla. Le mémoire, qui fut
commencé de payer sur les fonds de 1747 et
réglé en 1749, monta au total de 4,000 livres ;
il comportait trois exemplaires ainsi désignés :
« Mémoire des portraits ordonnés par M. le
Dauphin au sieur Nattier, peintre ordinaire du
Roi : 1° son portrait original, peint en cuirasse

jusques aux genoux, la bataille de Fontenoy faisant le fond du tableau : 2,500 livres ; 2° une belle copie de même grandeur, retouchée d'après le naturel, envoyée depuis peu en Espagne pour Madame Infante : 1,200 livres ; 3° plus une copie en buste ordonnée pour Monsieur de St-Hérant (Saint-Herem), l'un de ses menins ; 300 livres. » On rencontre ici un important original disparu, et dont la perte remonterait à l'époque même de l'artiste, puisque Jeaurat écrivait en 1761, à propos des portraits faits par Nattier pour la Famille royale : « Quant au portrait de M. le Dauphin, il en a fait deux ; le premier a été représenté en cuirasse et a été perdu dans le temps, de façon qu'on n'a jamais pu le retrouver malgré toutes les recherches qu'on a fait ; le second, qui n'a été que commencé, a eu le même sort, tous les deux ont disparu. » Le second, dont la tête seule était faite, se retrouva chez Mademoiselle Silvestre, lectrice de la Reine, mais les traces en sont de nouveau perdues.

On connaît la composition de l'artiste en ses lignes principales, grâce à la copie qui est au musée de Dijon et à la variante qui vient d'être retrouvée dans les réserves de Versailles. Le copiste Prévost, un des nombreux peintres attachés au Cabinet du Roi qui ont répété les Nattier des Bâtiments, décrivait en 1751 la copie qu'il fournissait « d'après le sieur Nattier : M. le Dauphin jusqu'aux genoux, en armure, ayant la main droite appuyée sur un bâton garni de dauphins, tenant de l'autre son épée, un casque renversé sur un bout de terrasse ; dans le fond une bataille. » Le bâton aux dauphins a été supprimé par le copiste du tableau de Versailles, où le jeune prince a le bras droit tendu dans un geste de commandement. C'est une liberté dont les exemples sont nombreux ; mais la description s'applique à l'exemplaire de Dijon. Les traits, un peu vieillis, sont ceux du gros garçon, vigoureux et bien nourri, qu'on retrouve dans la grande toile de Natoire, datée de l'année 1745, qui fut celle du premier mariage du Dauphin ; on sait que le visage du fils de Louis XV changea très vite, et que la maladie l'altéra singulièrement vers la fin de sa vie. Il ne reste presque rien du Dauphin de Natoire et de Nattier dans l'homme amaigri et rongé que font connaître les portraits de Roslin.

Nattier revenait aux filles de Louis XV en exécutant les portraits, aujourd'hui célèbres, des trois « petites dames », qu'il alla peindre à l'abbaye de Fontevrault, où ces princesses étaient élevées. Ils furent commencés en septembre 1747, et livrés en mars 1748, selon le mémoire de l'artiste : « Pour avoir fait, sur toile de 2 pieds et demi de haut sur 2 pieds de large, les trois portraits de Mesdames de France, qui étaient à Fontevrault, habillées en habits de cour avec des mains dans différentes attitudes..., 4,500 livres. Pour frais de voyage, aller et venir à Fontevrault en chaise de poste et séjour, 600 livres. »

Ce voyage d'Anjou fut secret, raconte Madame Tocqué, « l'intention du Roi étant de faire de ces trois portraits un sujet de surprise agréable pour la Reine, ce qui réussit dans tous les points ». Le duc de Luynes parle, en effet, dans son journal, de l'arrivée de ces ouvrages à Fontainebleau, où la Cour entière les admira. La reine Marie Leczinska se montra particulièrement heureuse ; la joie se doublait pour elle du bonheur de connaître les transformations de ces enfants qui grandissaient loin d'elle, selon la cruelle décision du feu cardinal de Fleury, et dont les deux plus jeunes devaient revenir seulement en 1750, après douze années d'absence. Elle écrivait sa reconnaissance pour le Roi à la duchesse de Luynes, en

ajoutant quelques mots, où l'orgueil satisfait
de la mère tourne à l'éloge du peintre : « Les
deux aînées sont belles réellement ; mais je
n'ai jamais rien vu de si agréable que la petite.
Elle a la figure attendrissante et très éloignée
de la tristesse ; je n'en ai pas vu une si singulière ; elle est touchante, douce et spirituelle. »

Personne n'a mieux rendu que la Reine
elle-même, en son émotion maternelle, le
charme pénétrant du portrait de Madame
Louise. Elle est blonde et douce, avec de
grands yeux tendres, et sa joliesse est délicieusement enfantine. La couleur rose de la robe,
à grands paniers, sous le tablier de dentelles,
avive à peine le teint délicat et blanc. Des dentelles couvrent à moitié ses bras fluets ; une
des mains présente une fleur d'un geste genti-
ment maniéré ; l'autre retient la corbeille
pleine où elle vient de puiser. Dans ses cheveux nuagés de poudre sont des perles et un
pâle œillet. Toute la paix du couvent se reflète
en cette petite princesse, parée bien artificiel-
lement de l'habit de cour, qu'elle portera un
jour à Versailles et qu'elle quittera plus tard
pour la bure sombre des Carmélites.

Les deux sœurs plus âgées ont déjà les
grâces de la femme, que Nattier devait se

MADAME LOUISE DE FRANCE

Musée de Versailles

complaire à leur donner. Née en 1733, Madame Victoire, qui atteint ses quinze ans et va rentrer à Versailles en mars 1748, passe pour la plus séduisante des filles de Louis XV ; une lettre du duc de Gesvres la décrit, au moment de son retour, avec « une agréable figure, un beau teint de brune, les yeux grands et fort beaux, une forme de visage à peu près comme Madame Henriette » ; telle la fait voir son portrait juvénile. Ses yeux sombres ont une douceur inquiétante ; la longue frange des cils ombre ses joues ; la bouche est sensuelle, le menton étroit, le front large ; les cheveux noirs s'harmonisent au teint mat et doré. La robe brodée d'or, l'écharpe de soie jaune, les dentelles blanches semblent parer un corps souple et voluptueux. Madame Sophie est moins formée ; dans ces clairs paniers à grands ramages, son corps menu n'apparaît point ; une guirlande de fleurs orne le corsage dont la pointe descend très bas. La main droite relève un voile léger posé sur la chevelure poudrée ; les grands yeux ont du rêve comme ceux de Louis XV, et le menton délicat achève l'ovale pur du plus joli visage du monde.

Les trois portraits de Fontevrault portent la même signature : *Nattier pinxit, 1748*. Dans

la déplorable confusion qui mêlait au musée
de Versailles les princesses du xviiiᵉ siècle, et
que Paul Mantz renonçait à débrouiller, déclarant à tort l'entreprise « colossale », une seule
de ces images charmantes conservait son nom,
celle de Madame Sophie. Madame Victoire
était devenue, comme Madame Henriette en
Flore, Louise-Henriette de Bourbon, duchesse
d'Orléans ; Madame Louise, moins infortunée,
n'était qu'une « princesse inconnue ». Aucune
série ne méritait davantage d'être identifiée
avec certitude. Ces tableaux, qui comptent
parmi les plus parfaits du maître, sont d'ailleurs en excellent état. Le portrait de Madame
Louise, qui a été autrefois mis en ovale, a
servi à un arrangement dû à un copiste du
Cabinet du Roi, qui a placé entre les mains de
la princesse, au lieu de la fleur et de la corbeille, une guirlande qu'elle tient par les deux
bouts ; Madame Sophie, soulevant son voile, a
été répétée en Vestale, vêtue d'une simple robe
blanche, auprès de l'autel allumé ; Madame Victoire a été transformée en Hébé, avec l'aigle et
la coupe, et la beauté vue par Nattier garde à
cette copie un certain éclat. Tous ces arrangements sont conservés dans les collections de
Versailles et servent à l'histoire du portrait de

MADAME VICTOIRE DE FRANCE

Musée de Versailles

cour ; mais il serait fâcheux de les exposer à côté des admirables originaux.

Nattier dut au succès de ces trois toiles l'honneur d'être appelé auprès de la Reine. Marie Leczinska avait été peinte par les maîtres principaux du portrait. Belle, Jean-Baptiste Vanloo, Tocqué, Carle Vanloo l'avaient tour à tour représentée en grand habit, dans l'apparat d'une fonction royale qui ne convenait guère à la simplicité des goûts de « la bonne Reine », mais à laquelle, on le sait, elle se prêtait fort bien et avec une dignité parfaite. Les crayons de La Tour avaient fixé ses traits aimables et sans beauté sous la fanchon de dentelle, les épaules couvertes d'un mantelet de chambre ruché, et elle avait été si satisfaite de ce pastel, que Carle Vanloo, pour son dernier portrait officiel et le plus somptueux de tous, n'avait pas obtenu de pose nouvelle et s'était borné, ainsi qu'en convient le livret du Salon, à transporter sur la toile la tête étudiée par La Tour. Nattier fut plus heureux, grâce à la reconnaissance d'une mère. Il fit d'elle son dernier portrait, sa coquetterie n'ayant pas voulu de vieillir pour la postérité au delà de quarante-cinq ans.

Nattier était au travail, à Versailles, au mois

d'avril, et faisait poser la Reine dans sa vaste
chambre à coucher, où se passaient la plus
grande partie de son temps et les actes principaux de sa vie royale. Peut-être le peintre fut-il
admis à entendre ces conversations enjouées
où Marie Leczinska mettait tant de bonne
grâce et montrait un esprit naturel, connu seulement de ses intimes. Elle en donna une
preuve nouvelle en refusant de se laisser assi-
gner une place dans l'Olympe de Nattier; elle
ne fut pas moins bien inspirée, après avoir
renoncé au rôle de déesse et aux attributs mythologiques, de rejeter pour une fois, dans un
grand portrait, l'habit de cour imposé aux
reines. Madame Tocqué dit que son père « ne
put sortir de la simplicité dans l'exécution de ce
tableau, parce qu'il avait reçu l'ordre exprès de
la Reine de ne la peindre qu'en habit de ville ».

La toile originale, qu'on avait longtemps
cru perdue, est maintenant sous nos yeux à
Versailles. La simplicité imposée à l'artiste a
servi ses intérêts, en l'obligeant à se libérer de
sa manière. L'habit de ville est de velours rouge
bordé de fourrures; une « marmotte » de dentelle
noire est posée sur un bonnet, dont la dentelle
blanche se répète aux manches et au corsage.
En cet ajustement familier, la Reine, assise

dans un fauteuil fleurdelisé, devant la console
où elle a l'habitude de lire, a la tête légèrement
tournée vers sa droite, et son bras gauche posé
sur le livre ouvert des *Évangiles*. On oublie ce
qui reste de conventionnel dans la composition, comme la grande draperie vert sombre
du fond qui s'accroche à des colonnes inatten-
dues ; on se sent en présence d'une attitude
naturelle, où l'expression morale est parfaite.
La femme, qui semble interrompre sa lecture
pieuse pour écouter la causerie d'un Moncrif ou
d'un Tressan, se révèle intelligente et fine,
ouverte aux choses de l'esprit et surtout atta-
chante par sa bonté. On devine l'âme elle-
même, par un bonheur rare chez Nattier et que
méritait sans doute le modèle.

La Reine fut si contente de cet ouvrage
qu'elle en commanda au peintre deux répliques
originales destinées à des amis particulièrement
chers, Maurepas et Paris-Duverney. Ce détail
est attesté par le mémoire : « Mémoire de portraits ordonnés par la Reine au sieur Nattier,
peintre ordinaire du Roi. Premièrement, le
portrait de la Reine fait à Versailles au mois
d'avril 1748. Ce tableau est sur toile de 4 pieds
et demi de haut sur 3 pieds et demi de
large. Il est très orné et très fleuri. Pour ce,

3,000 livres. Plus deux copies de même grandeur, expressément recommandées par la Reine audit sieur Nattier pour être faites par lui-même, dont une a été donnée à M. le comte de Maurepas et l'autre à M. Paris du Verney. Pour lesquelles copies la somme de 2,400 livres. » Le total de ce mémoire, qui montait à 5,400 livres, fut réduit de 500 livres et payé le 28 mars 1752.

Le tableau avait été exposé au Salon de 1748, avec un succès « qui passa les espérances de l'artiste, car il eut l'avantage d'être généralement applaudi et de réunir toutes les voix en sa faveur, tant par son heureuse ressemblance que par la noble simplicité de sa composition ». Les critiques qui n'aimaient pas la manière de Nattier furent obligés d'admirer ce portrait d'intimité de si grand air, de si belle facture, et se déclarèrent vaincus par une grâce de si bonne tradition française. Mariette le préférait de beaucoup à ceux de Mesdames de France, selon lui trop vantés. Tardieu allait plus tard le graver, par les soins du peintre lui-même, en une admirable planche présentée à la Reine en 1755 ; c'est le chef-d'œuvre de l'artiste et l'un des meilleurs burins de l'époque.

Pendant que l'exposition du Louvre durait

encore, le roi Stanislas se réjouissait, en Lorraine, d'entendre louer le portrait de sa chère fille, qu'il avait vu sans doute commencer. Il en prenait plus d'émotion qu'il n'avait fait pour les grands tableaux de Belle, de Tocqué ou de Vanloo, et chargeait même Hulin, son ministre à la Cour de France, d'en obtenir une réplique. Voici le billet, tiré des collections Czartoryski, à Cracovie, qui montre l'issue de cette petite négociation :

Rien n'égale, mon très cher Hulin, votre exactitude que le plaisir que j'en ressents et la satisfaction que votre attention me prouve. Si vous voulez la rendre complette, soyez, je vous prie, persuadé à quelle point je vous en suis obligé. Quand à la copie du portraict de la Reyne que je sohaittez d'avoir, je m'en désiste. Le temps des 4 mois répugne à ma naturelle inpatience et le prix excessyve à mon économie. Quand le publyque aura estez rassasié de le voir, j'attenderois à le faire copier par quelqu'un à meilleurs marchez. Ainsy vous pouvez remercier M. Natié et luy dire, quand je serois à Versaille, je pourois l'employer à tirer un original que j'aimerois mieux qu'une copie.
Je vous embrasse de tout cœur.

STANISLAS ROY.

Le 21 de sept. 1748.

L'esprit d'économie l'emporta sur l'amour-propre paternel ; Stanislas se contenta apparemment d'une copie, peut-être même de la peinture réduite, sous verre, que signait en

1760 P. Jouffroy, peintre du roi de Pologne. Le roi lui-même avait commandé à Nattier son propre portrait, pendant un de ses voyages à Versailles ; il y portait le cordon bleu et le bâton de commandement, et l'habit de guerre disparaissait à demi sous une magnifique fourrure. Ce morceau semble perdu, et nous ne le connaissons que par la bonne copie du musée de Dijon.

Des deux répliques originales du portrait de la Reine livrées en même temps que la toile réservée à la Famille royale, nous n'hésitons pas à reconnaître l'une dans le tableau qu'acheta jadis le duc de Feltre, et qui est aujourd'hui à M. le duc de Fezensac. La seconde pourrait être l'exemplaire du musée de Dijon, bien qu'il soit de qualité moins fine. Diverses copies nous sont connues en des collections publiques ou privées ; on doit une mention spéciale à celle de Madame la comtesse de Pourtalès, qui a été commandée sûrement par la Reine pour son ami le président Hénault, et dont la provenance est bien attestée. Par une attention particulière de Marie Leczinska, conforme aux goûts de son ami, ce sont des essais de philosophie et non plus le livre sacré qu'indique le titre courant du volume ouvert devant

LA REINE MARIE LECZINSKA

A M. le duc de Fezensac

elle. C'est une variante, qui ne figure point assurément dans l'exemplaire du château de Buzet, qui fut donnée à Christophe de Beaumont, archevêque de Paris, très aimé et très vénéré de la pieuse Marie Leczinska. Cette copie serait, d'après une tradition de famille, une œuvre de Prévost.

La variante la plus considérable est celle du musée de Versailles, qui fait, à vrai dire, un tableau différent. La composition est beaucoup plus vaste, et les dimensions tout autres que celles du tableau de 1748. Les colonnades et la draperie du fond sont transformées. La Reine est vue jusqu'aux pieds, aperçus sous le bord de la robe et posés sur un tapis d'Orient ; la console supporte, à côté du livre, le coussin où repose la couronne royale, et le grand manteau fleurdelisé, jeté sur le même meuble, descend en larges plis. Le contraste entre ces attributs majestueux et le portrait de caractère simple, exactement conservé au centre de la disposition nouvelle, présente, dès qu'on y songe, un déséquilibre singulier. Il est étonnant que ce médiocre tableau ait été placé au château de Versailles, sous Louis-Philippe, dans la chambre à coucher de la Reine, alors que l'œuvre originale, reléguée en même temps au Lycée de la ville, où elle vient d'être retrouvée, risquait de se détériorer et de disparaître.

Le portrait de la Reine fournit un bon exemple des travaux exécutés, au Cabinet du Roi, par les peintres attachés à ce service et dont la fonction consistait à copier les portraits de la Famille royale. Travaillant d'après les originaux des meilleurs peintres, ils ne se bornaient pas à les reproduire suivant les besoins ; il leur arrivait souvent de les modifier, de les agrandir, de les approprier en un mot à l'usage auquel ils étaient destinés. Antérieurement à cette époque, le peintre qui avait fait l'original était chargé de fournir les copies, qui s'exécutaient dans son atelier ; c'est ainsi, par exemple, que Rigaud avait livré, en même temps que son Louis XV enfant, daté de 1715, vingt-quatre copies de cet ouvrage, qui furent encore multipliées dans la suite. Depuis lors, les Bâtiments avaient organisé un atelier à Versailles, où des spécialistes travaillaient, en même temps qu'à la restauration des tableaux du Roi, à la multiplication des portraits officiels. On s'y servit à mainte reprise des originaux de Nattier, et particulièrement de ses portraits de Mesdames.

Les filles de Louis XV aimaient à échanger leurs portraits entre elles et à les distribuer à leur entourage ; toutes les personnes attachées à leurs maisons aspiraient à en recevoir un, et c'est ainsi que s'explique le grand nombre de tableaux, de dimensions et de dispositions diverses, qui représentent Mesdames et qu'une attribution complaisante donne au pinceau de Nattier. S'il en est quelques-uns qui sortent de l'atelier du maître, presque tous ont été faits simplement au Cabinet du Roi. Parmi les documents qui attestent ces travaux, en même temps que les goûts des princesses, choisissons une lettre qu'adresse à Charles Coypel, premier peintre du Roi, le frère de Madame de Pompadour, M. de Vandières, qui a la survivance de M. de Tournehem et rencontrera, par la suite, bien d'autres occasions d'être agréable à Mesdames :

Versailles, 9 décembre 1751.

Madame Henriette, Madame Adélaïde et Madame Victoire, Monsieur, veulent des copies de leurs portraits d'après l'original de M. Nattier. Vous aurez agréable de donner des ordres de ma part à M. Nattier, d'envoyer à Versailles les originaux aussitôt que vous aurez reçu ma lettre. Il vous dira peut-être que les vêtements ne sont pas finis ; n'importe. Comme Mesdames de France les veulent, il n'y a qu'à faire venir les originaux dans l'état où ils sont. J'ai donné mes ordres à M. Portail de faire

travailler à ces copies dès le moment qu'il les aura reçues ;
tenez la main, je vous prie, à la prompte exécution de ce
que je vous demande.

Une lettre de Portail, garde des tableaux
du Roi, n'est pas moins instructive. Elle est
écrite au signataire de la lettre précédente,
alors devenu marquis de Marigny, et mentionne des envois nombreux de copies destinées au couvent où les « petites dames » ont
été élevées :

Versailles, 10 mai 1755.

J'ai fait encaisser comme vous me l'ordonnez les trois
portraits de Madame Victoire que j'adresse à Madame
l'abbesse de Fontevrault. Je compte qu'ils partiront pour
leur destination vers le milieu de la prochaine semaine.
Les deux portraits de Madame Louise seront finis pour ce
temps... A l'égard du buste que vous désirez qui soit fait
d'après le grand portrait de Madame Adélaïde, je ne
connais que celui du sieur Nattier, qui est dessus une
porte des appartements de Choisy. Vous aurez, s'il vous
plaît, agréable d'ordonner au sieur Bailly de me l'envoyer
à Versailles.

Il devenait nécessaire de faciliter l'ouvrage
des copistes officiels qui travaillaient à Versailles, sous les ordres de Portail, et dont nous
savons les noms pour cette époque : Coqueret,
Prévost, Frey, Hellart, De la Roche, ce dernier
beau-frère de Nattier. La Direction des Bâtiments demanda à Nattier de fournir les têtes

qu'il avait sur des toiles à part et qui servaient à son propre travail. Les copistes disposèrent à leur guise, ou suivant le goût des princesses, les costumes et les accessoires. Les correspondances du service mentionnent en grand nombre ces travaux, qui n'ont rien à voir avec Nattier. Celui-ci a livré ses études de têtes, préparées sur de grandes toiles, et comme on ne les lui rend pas, car elles restent continuellement en mains, on trouve équitable, une dizaine d'années plus tard, de les lui payer à part, sauf à déduire ce prix des grands tableaux, s'il les achève. Pour ces têtes, estimées alors 500 livres l'une, voici l'instructif mémoire de l'artiste :

Mémoires de six portraits de la Famille royale, dont il n'y a que les têtes qui soient achevées, lesdits ouvrages ordonnés pour le service du Roi par M. de Tournehem, au sieur Nattier, ès années 1748 et suivantes :

Les portraits ci-après servent continuellement aux copies dont la Cour a besoin.

Portrait de Madame Adélaïde ; la tête est disposée sur une toile de 7 pieds et demi de haut sur environ 6 pieds de large : 500 livres. — Portrait de Madame Infante, duchesse de Parme ; la tête est disposée pour un portrait en habit de Cour : 500 livres. — Portrait de Madame Henriette ; la tête est disposée pour être habillée en Vestale : 500 livres. — Portrait de Madame Victoire ; la tête est disposée pour un portrait en habit de Cour : 500 livres. — Portrait de Mgr le Dauphin : 500 livres.

Lesdits ouvrages, dans l'état où ils sont, estimés la somme de 3,000 livres.

Ces précieuses études, faites devant la nature et où se révélait, plus que dans les portraits arrangés, la façon dont Nattier voyait et interprétait ses augustes modèles, ont subi des fortunes diverses. En 1761, Nattier vivant encore, le garde des tableaux Jeaurat fit une enquête pour savoir ce qu'elles étaient devenues. On s'enquit auprès du peintre de l'état d'avancement des tableaux, et l'on apprit que le portrait de Madame Adélaïde était seul au cabinet de Versailles ; celui de Madame Infante en habit de cour avait été donné au duc de Parme, qui en avait payé l'achèvement 1.800 livres ; celui de Madame Infante en habit de chasse était achevé et placé chez Madame Victoire ; celui de Madame Henriette, achevé aussi, était chez M. Nattier. La tête de Madame Victoire restait encore dans l'atelier de l'artiste telle qu'il l'avait peinte en 1748 ; il n'avait ni ébauché, ni même esquissé le tableau. Quelqu'un se chargea de le finir après sa mort ; c'est peut-être la déplorable Hébé du musée de Versailles, où, dans une médiocre imitation d'un arrangement de Nattier, et sous des surcharges maladroites, la tête semble s'illuminer du pinceau du maître.

Si nous revenons à établir la liste chrono-

logique des peintures de Nattier faites pour la
Famille royale, nous rencontrons un tableau
commandé par M. de Tournehem pendant le
séjour de Madame Infante à la cour de son
père, au mois de juillet 1749. C'est un portrait
de Madame Adélaïde, que la sœur mariée a
voulu emporter en Espagne : « Ledit portrait
a été fait à Compiègne. Il est sur toile et de
même grandeur que ceux de Mesdames à Fontevrault, en habit de cour avec une main tenant
un éventail. Il a été donné à Madame Infante,
à son départ de Choisy, qui l'a fait emballer
sur-le-champ et fait partir avec son équipage. Ledit ouvrage estimé à la somme de
1,500 livres. » Ces indications suffisent à nous
apprendre que Madame Infante avait déjà, en
copie, le portrait de ses sœurs peintes à Fontevrault ; comme Adélaïde lui manquait, elle
avait sollicité de son père le don d'un morceau
de Nattier pouvant compléter sa série. On a
ici un nouvel exemple de la bonne union qui
régnait entre les filles de Louis XV. L'original
de Nattier, que ses petites dimensions ont fait
peut-être dédaigner, serait à chercher en
Espagne ou en Italie, où la princesse alla
passer, comme duchesse de Parme, la fin de
sa vie. La composition nous en est donnée,

semble-t-il, par un dessus de porte de la chambre à coucher de Louis XV à Versailles, où une Madame Adélaïde, faussement dénommée Madame Victoire, tient précisément un éventail. Cette copie, de fort mauvaise qualité, a cependant pour origine un Nattier, qui paraît être le tableau emporté par Madame Infante dans ses bagages.

Plus grave et plus regrettable est la perte, sans doute définitive, de la série de quatre de Mesdames en « Éléments ». Les modèles, la dimension des œuvres, le lieu pour lequel elles furent exécutées, tout montre l'importance de cette série, qui formait l'ensemble le plus considérable que Nattier eût conçu pour la Famille royale. C'est à un désir manifesté par le Dauphin qu'il dut cette importante commande. Le prince venait de s'installer définitivement dans le bel appartement du rez-de-chaussée de Versailles, qui fait l'angle du corps du Château, du côté du parterre du midi. Parmi les restaurations et aménagements qui avaient approprié à son usage l'ancien appartement de Monseigneur (le Grand Dauphin) et du Régent, les Bâtiments avaient boisé à neuf et particulièrement soigné son grand cabinet, la pièce d'angle placée au-dessous du Salon de la Paix, et qu'un balcon de fer forgé, fait pour lui, désigne du dehors à l'attention du visiteur. C'est précisément en ce cabinet, dont le roi Louis-Philippe a fait détruire presque entièrement les boiseries, que la nouvelle administration du musée a réuni les portraits des filles de Louis XV, au milieu des souvenirs de leur frère. Les quatre dessus de porte ne faisaient pas partie de la décoration primitive, les anciens bois ayant été compris dans la destruction du xixᵉ siècle ; ceux-ci contenaient autrefois et ont gardé probablement jusqu'à la Révolution les quatre Mesdames en Éléments.

Il ne fut d'abord question que de copier, en les agrandissant pour les places à remplir, les portraits déjà existants ; M. de Tournehem, vu l'importance de la destination, décida que ces copies devaient être de la main de Nattier lui-même. Voici un modèle de ces sortes d'ordres de service : « *Ordre.* — M. le Dauphin a demandé pour dessus de porte de son cabinet les portraits de Mesdames d'après Nattier. M. Lécuyer enverra audit Nattier les châssis afin qu'il puisse faire les copies dans la forme que M. le Dauphin a demandée. A Versailles, le 11 janvier 1750. — LENORMANT. » Bientôt on s'avisa qu'il serait plus intéressant d'avoir des compositions nouvelles ; l'artiste fut invité à fournir les dessins d'une série de quatre Éléments, avec l'espoir d'être payé en conséquence. La commande faite, il ne put la livrer que l'année suivante, et présenta le mémoire ci-dessous : « Mémoire de quatre tableaux représentant quatre de *Mesdames de France sous la figure des quatre Éléments*, peints par ordre de M. de Tournehem, par le sieur Nattier, en l'année 1751. Ces portraits sont de grandeur naturelle avec les attributs convenables aux quatre Éléments. Ils sont placés dans le grand cabinet de M. le Dauphin à Versailles et ont chacun 3 pieds 3 pouces de haut sur 4 pieds 3 pouces de large. Lesdits tableaux estimés à la somme de 4.800 livres. »

Quatre maîtres du burin gravèrent ces tableaux pour le marchand Joullain et les rendirent populaires. *La Terre,* qui était Madame Infante, fut gravée par Baléchou ; *le Feu,* qui était Madame Henriette, par J. Tardieu ; *l'Air,* qui était Madame Adélaïde, par Beauvarlet, et *l'Eau,* qui représentait Madame Victoire, par R. Gaillard. La disposition des peintures originales se trouve renversée dans les estampes. C'est à ces documents, au dessin du second

tableau mis au carreau, qui appartint au comte
Primoli, enfin, au mémoire du copiste Prévost,
qui fit de la série une reproduction peinte également disparue, que nous devons d'en pouvoir
décrire la composition.

La Terre, sous les traits de Madame Infante,
est assise, comme une jeune Cérès, au milieu
d'une riante campagne. Elle a la chevelure
relevée sur le front et parée de fleurs, et la
poitrine largement décolletée ; le bras gauche
s'appuie sur un globe, tandis que la main
retient un des plis du vêtement ; le bras droit
est étendu de toute sa longueur, la main portant des fleurs et des fruits. Dans le fond de
la scène, où est indiquée une exploitation
agricole, un paysan aiguillonne un bœuf sur
le sillon. Madame Henriette, qui personnifie *le
Feu,* est en Vestale, vêtue de satin blanc, le
menton appuyé sur la main droite ; elle paraît
méditer sur une *Histoire des Vestales,* dont la
reliure a le dos fleurdelisé et que sa main
gauche appuie sur le genou. Les cheveux sont
ornés d'un léger bouquet, d'où flotte un ruban ;
le corsage, décolleté comme celui de sa sœur
jumelle, des perles à l'épaule et à la ceinture. Le
coude droit s'appuie sur une sorte de console,
qui représente assez mal un autel antique, et

sur laquelle brûlent quelques morceaux de bois. Dans le fond s'ouvre un temple, avec une statue de Vesta dans une niche. On ne retrouve pas les détails de cette composition dans d'autres portraits de Madame Henriette en Vestale, notamment dans celui du Louvre (collection La Caze), demeuré longtemps sous la désignation vague de « fille de Louis XV en Vestale ». En cette toile, qui a été rétrécie, comme le prouve le dessin original, le feu brûle sur un autel derrière une colonne ; la princesse n'a point la même attitude et porte un voile ; les épaules sont moins découvertes. Les traits surtout frappent par leur différence ; c'est une étude postérieure qui a servi pour ce tableau, tandis que, dans le dessus de porte du *Feu,* le visage de la princesse devait se rapprocher délicieusement encore de celui de la jeune *Flore,* qui avait été son premier portrait.

Pour le tableau où Madame Adélaïde personnifie l'élément de *l'Air,* Nattier n'a pas eu à se mettre en peine d'une étude nouvelle. Il a reproduit simplement la tête de la *Diane,* à laquelle la princesse n'avait pas cessé de ressembler. Peut-être les traits sont-ils légèrement mûris ; mais il n'y a de changement notable, pour la tête, que celui des fleurs qui remplacent, dans la courte chevelure, le croissant de la chasseresse. Le mouvement du corps, toutefois, est entièrement renouvelé ; la femme est vue de dos, et c'est en se retournant vers le spectateur qu'elle peut lui présenter le même visage. Les draperies qui la couvrent flottent parmi les nuages où elle est assise, et son beau bras nu, longuement tendu, tient le ruban qui semble servir de rênes à un char invisible porté dans les airs ; ce char doit être tiré par des paons, dont l'un fait la roue sur le bord du tableau, ayant au col un bout de ruban. Au-dessus, derrière d'épais nuages, apparaît l'arc-en-ciel. Le quatrième élément, *l'Eau,* est personnifié par Madame Victoire, d'après la tête peinte à Fontevrault. La princesse, vue de face, est assise dans un paysage coupé par une rivière ; les cheveux relevés encadrent le visage régulier ; elle est vêtue d'une robe à larges plis ; ses bras sont à demi croisés, le droit passant sur une urne renversée auprès d'un tronc d'arbre et d'une touffe de roseaux. Ce n'est, en somme, qu'une variante de ces portraits « en source », que Nattier a eu tant d'occasions de multiplier.

Vers le temps où s'achevaient ces œuvres

si fâcheusement perdues, le peintre exécutait
pour la Cour une série qui a été récemment
retrouvée et remise en lumière parmi les collections de Versailles. Lors du voyage de Fontainebleau de 1750, la duchesse de Luynes
écrivait à son mari, narrant les incidents du
séjour de Madame Infante, qui était venue
visiter son père, lui faire connaître sa fille
Isabelita et obtenir, par des négociations
habiles, des avantages pour son époux. La
lettre de la duchesse, du 17 octobre, rapporte
la présence et les travaux de Nattier : « Nous
avons vu aujourd'hui un tableau de Nattier pour
l'Infant Don Philippe, qui représente Madame
Infante assise avec l'Infante Isabelle debout à
côté d'elle, qui lui présente une branche de lis.
La mère est très ressemblante, en agréable et
en mignon, et la fille très flattée. M. le Dauphin
fait rester Nattier ici pour peindre Madame la
Dauphine. » On n'a point le mémoire du premier tableau, payé par ce bon époux et ce bon
père qu'était l'Infant, et qu'il faudrait rechercher dans les collections provenant de Parme ;
mais le mémoire relatif au portrait de la Dauphine Marie-Josèphe de Saxe, commencé en
1750 et livré en 1751, a permis de l'identifier
aisément : « Madame la Dauphine est repré-

sentée dans ce tableau en habit de cour. Il a
quatre pieds et demi de haut sur trois pieds et
demi de large. Ledit tableau estimé à la somme
de 2,500 livres. » La toile qui correspond à ces
indications est signée, sur un pied de colonne :
Nattier pinxit, 1751.

Elle représente, à mi-corps, une princesse
en manteau fleurdelisé doublé d'hermine, en
robe de cour brochée d'or, particulièrement
somptueuse , où l'art des tisseurs lyonnais
semble s'être surpassé. La main gauche tient
un éventail fermé et la droite ramène le manteau. Une draperie qui pend dans le haut du
tableau laisse apercevoir tout un paysage de
jardin à la française, et, bien que l'étude de la
tête de la Dauphine ait été faite à Fontainebleau, c'est le parc de Versailles que l'artiste
a voulu représenter ; on reconnaît sans hésita-
tion le bassin de Latone, où jouent les eaux, la
descente ornée de statues de marbre et la
perspective du grand canal. Le visage de la
princesse est intéressant ; on y retrouve évidemment les traits essentiels de sa physionomie, que multiplieront plus tard d'autres
portraits plus connus ; mais ils ne semblent
pas s'être prêtés à cette sorte de ressemblance
que cherchait à donner Nattier, « en agréable

et en mignon ». En revanche, il a marqué assez
exactement l'air de bonté et de candeur qu'elle
doit conserver toute sa vie et qui correspond
si bien à une nature morale vraiment atta-
chante, et assez particulière parmi les princesses du sang. Un Nattier pouvait-il tirer
autre chose d'un modèle en qui tout attrait
sensuel fait défaut ? Au moment où il a l'honneur de peindre Madame la Dauphine, la seule
personne de la Famille royale qui n'ait point
encore posé devant lui, la jeune femme a
vingt ans à peine ; elle est Française depuis
peu ; on ne saurait guère révéler en son image
qu'une princesse de maison allemande, un peu
gauche de façons, un peu trop florissante, mal
accoutumée à la cour de France, et que son
mari n'aime point encore. Plus tard seulement
s'affirmera le charme paisible dont la montre-
ront revêtue les crayons de La Tour.

Une copie du portrait de la Dauphine,
envoyée à sa mère, femme d'Auguste III, élec-
teur de Saxe et roi de Pologne, et une variante
tout intime de ce portrait, destinée à la vieille
duchesse de Brancas, dame d'honneur de la
princesse, figurent dans un mémoire de 1751,
où paraissent en même temps deux intéressants
portraits d'enfants : « Mémoire de quatre por-

traits de la Famille royale faits par ordre de M. de Tournehem, par le sieur Nattier, pendant l'année 1751. Savoir :

« *Le portrait de Madame Infante Isabelle,* peint en pied et en habit de cour, estimé 4,000 livres. — *Le portrait de Madame* jouant avec son petit chien, placé dans le cabinet de Madame la Dauphine, estimé 2,400 livres. — *Le portrait de Madame la Dauphine,* peint en habit de marmotte, buste, donné à Madame la duchesse de Brancas, estimé 1,000 livres. — Plus une copie du portrait de Madame la Dauphine, faite entièrement par l'auteur et envoyée à la reine de Pologne, estimée 1,200 livres. » Le dernier acompte sur le gros mémoire, qui en constitue le parfait paiement, est en date du 17 décembre 1756 : « Au sieur Nattier, peintre, 3,100 livres pour faire, avec les 5,500 livres à lui ordonnées à-compte sur l'exercice 1751, les 4 juillet et 12 septembre 1755, le parfait paiement de 8,600 livres, à quoi montent quatre tableaux, dont deux représentant *Madame la Dauphine,* le troisième *Madame,* et le quatrième *Madame Infante Isabelle,* qu'il a faits pour le service du Roy pendant l'année 1751. »

La princesse qui portait de droit, en l'année 1751, le titre particulier de *Madame,* était le

premier enfant né du second mariage du Dauphin, Marie-Zéphirine de France, née à Versailles le 26 août 1750, et qui devait mourir le
2 septembre 1755. On la nommait aussi la
Petite Madame, pour la distinguer de Madame
Henriette, à qui le titre était donné par cour-
toisie seulement. Le portrait que Nattier fit
d'elle à l'âge d'un an est conservé, naturellement sous un faux nom, dans les collections
royales du Palais Pitti. L'enfant est assise de
face sur un coussin fleurdelisé, ayant à la main
gauche son hochet d'argent ; un carlin se tient
sur l'ample robe garnie de dentelles, et la draperie du fond se soulève pour laisser apercevoir
le petit berceau.

Le chef-d'œuvre des portraits d'enfants
peints par Nattier pourrait être celui de l'Infante Isabelle, petite-fille de Louis XV. C'est un
des plus gracieux morceaux ajoutés de nos jours
aux séries de Versailles. Droite et fière, comme
une infante de Vélasquez, son buste menu de
fillette se dégage des lourds paniers de sa robe
à grands ramages d'or, sur laquelle se déploie
un tablier de dentelles. La tête blonde, jolie,
peu expressive, rappelle les traits de son père,
Don Philippe. Une fleur est dans les cheveux :
une des petites mains indique, d'un doigt levé,

MARIE-ZÉPHIRINE DE FRANCE

PETITE-FILLE DE LOUIS XV

Palais Pitti, Florence

Cliché Alinari

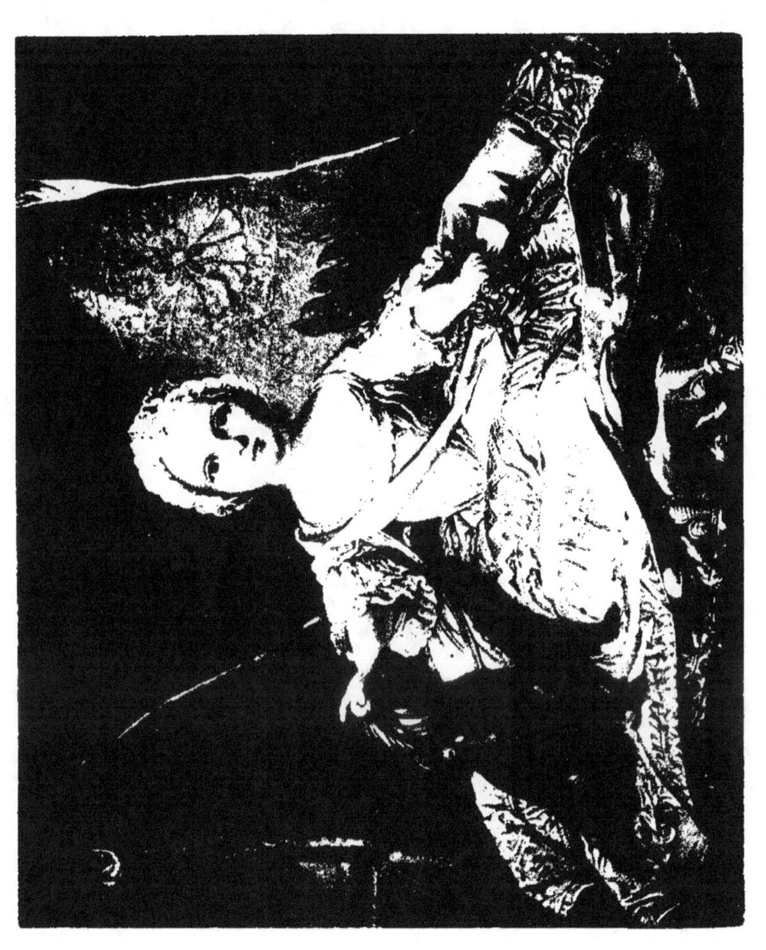

les pelouses d'un jardin ; l'autre, qui tient un mouchoir de dentelles, retombe sur le tablier précieux.

On peut deviner en quel sentiment le roi Louis XV avait ordonné à Nattier l'exécution de cette toile délicate et soignée. Il avait été longtemps fort désireux de connaître cette petite-fille, le premier-né de ses petits-enfants, dont ses ambassadeurs à la cour d'Espagne lui disaient merveille. Le maréchal de Noailles, par exemple, lui écrivait d'Aranjuez, en avril 1746, après avoir loué Madame Infante, sa figure « très agréable, les plus beaux yeux du monde, le regard perçant et annonçant l'esprit », que l'enfant ne paraissait devoir le céder en rien à la mère : « Je ne puis finir le compte que j'ai à rendre à Votre Majesté de la famille royale d'Espagne sans lui parler d'une princesse qui lui appartient de près : c'est sa petite-fille. Jamais on ne vit une aussi jolie enfant : elle est très grande pour son âge, son visage est des plus agréables ; mais surtout, Sire, c'est son maintien, et l'air de dignité avec lequel elle reçoit son monde. Elle sent déjà ce qu'elle est, à qui elle appartient et ce qu'elle doit être toujours. » Tous ces traits se retrouvent dans le portrait de Nattier. Le Roi,

enchanté d'avoir gardé quelque temps auprès
de lui cette charmante « Isabelita », avait naturellement voulu conserver son image parmi
celles de la Famille.

Trois ans plus tard, un autre portrait d'enfant rappelait Nattier à la Cour. Il s'agissait de
peindre le fils aîné du Dauphin, le duc de
Bourgogne, Louis-Joseph-Xavier de France,
alors âgé de quatre ans. Le mémoire mentionne
un original et une copie fournis ensemble :
« Monseigneur le duc de Bourgogne, représenté
en pied et vêtu d'un habit de velours bleu
garni de martre. Ce portrait est peint sur une
toile de quatre pieds de haut sur trois pieds de
large. Estimé d'abord 1,800 livres, puis porté
à 2,000 livres, à raison des frais de transport
et de séjour à Versailles. Plus une copie
du même portrait, faite de la même grandeur
que l'original ci-dessus, estimé 900 livres. »
L'œuvre, qui parut au Salon de 1755, est
aujourd'hui au musée de Versailles ; elle porte
la signature : *Nattier pinxit, 1754.* Le cordon
de l'Ordre, qui s'étale sur l'habit de velours
bleu foncé, semble avoir été ajouté après coup
par l'artiste lui-même, qui écrivait en post-
scriptum d'un billet à M. de Marigny, le
2 août 1754 : « Le Saint-Esprit n'est pas encore

arrivé chez moi », faisant allusion probablement aux insignes dont il avait besoin pour compléter le tableau. La copie paraît être l'exemplaire signalé par M. Dimier au musée de Parme, et dont l'exécution ne le cède guère à celle de l'original de Versailles. Nous y voyons, florissant de santé, le petit prince qui portera, jusqu'en 1761, les espérances de la couronne de France et les laissera, en mourant, sur la tête du duc de Berry son frère, qui deviendra Louis XVI.

A ce même Salon fut exposé, avec le portrait du duc de Bourgogne, un grand tableau, que l'artiste avait commencé plusieurs années auparavant et auquel il attachait, pour sa réputation, une grande importance. C'était celui de Madame Henriette jouant de la basse de viole, dont l'original, signé et daté de 1754, est à Versailles. On en peut suivre l'histoire par des témoignages assez nombreux, qui ont l'intérêt de nous montrer Nattier dans ses rapports avec le service des Bâtiments et ses relations avec les princesses, à la fois ses modèles et ses clientes.

La fille préférée de Louis XV, celle du moins qui avait pris dans sa vie paternelle la première place, depuis que Madame Infante

vivait loin de lui, était morte à vingt-quatre ans,
le 10 février 1752, en l'appartement de Mesdames à Versailles, dans l'aile des Princes.
Elle disparaissait victime de cette terrible
petite vérole, qui causait alors tant de ravages
et frappa de coups si fréquents la famille
royale de France. La première consternation
passée, on s'aperçut qu'il y aurait une conso-
lation pour tous à posséder un grand portrait
entrepris par Nattier et qui devait représenter la défunte, zélée musicienne, dans son
divertissement ordinaire. La Reine le réclame
à M. de Vandières (Marigny), douze jours
après la mort, et celui-ci en écrit aussitôt au
premier peintre Coypel : « La Reine m'a dit,
Monsieur, qu'elle désirait avoir le portrait que
M. Nattier a fait de feu Madame, jouant de la
basse de viole. Ayez agréable, je vous prie, de
voir M. Nattier et de savoir de lui en quel état
est ce portrait, s'il est fini ou non. Au premier
cas, il faut le faire porter ici incessamment ;
au second cas, vous demanderez à M. Nattier de
l'achever le plus promptement qu'il sera possible, parce que la Reine veut l'avoir. Je compte
que vous m'informerez de l'état où il est, et
que vous me direz dans quel temps je pourrai le
recevoir ici. » Le 26 février, un autre billet à

MADAME HENRIETTE DE FRANCE

Musée de Versailles

Coypel fait connaître ce qu'a répondu celui-ci :
« J'approuve fort, Monsieur, le parti que vous
me proposez de réduire le portrait de Madame
Henriette jusqu'aux genoux, dès qu'il est aussi
grand que le portrait du Roi et qu'il n'y a que
la tête de finie. Autrement la Reine, qui en est
pressée, ne pourrait l'avoir de longtemps ; mais
pressez M. Nattier pour qu'il aille en avant,
parce que la Reine désire extrêmement l'avoir. »

Le tableau n'est pas commencé ; la Reine et
Madame Adélaïde, à qui il est destiné, doivent
le redemander à plusieurs reprises. Le marquis
de Marigny écrit lui-même à Nattier à ce sujet,
le 30 septembre 1753, un billet où il confond
les princesses, nommant Victoire pour Adélaïde, et Adélaïde pour Henriette, double
confusion de plume qui révèle hâte et empressement : « Madame Victoire, Monsieur, demande
avec instance le portrait que vous avez commencé depuis plusieurs années de Madame
Adélaïde jouant de la basse de viole. Ne perdez
pas un instant à vous y mettre et l'achever
avec le plus grand soin. » Nattier promet d'être
prêt trois ou quatre mois plus tard, et le jeune
directeur prend acte aussitôt de cet engagement par un billet écrit à Fontainebleau, le
29 octobre : « Je compte, Monsieur, sur la pro-

messe que vous me faites que le tableau que
demande Madame Adélaïde sera achevé dans le
courant du mois de janvier, et je vais charger
M. Portail d'en ordonner la bordure sur les
dimensions que vous lui donnerez, afin qu'elle
soit prête en même temps que le tableau. »

L'artiste livra sa toile, la plus grande qu'il
eût jusqu'alors exécutée pour la Cour, en
l'accompagnant du mémoire suivant : « Mémoire
d'un tableau fait pour le service du Roi, sous
les ordres de M. de Vandières, par le sieur
Nattier, et livré pendant l'année 1754. Ce
tableau, extrêmement chargé d'ouvrage, a
sept pieds et demi de haut sur près de six pieds
de large. Il représente le portrait de Madame
Henriette de France, peinte en habit de cour
et jouant de la basse de viole estimé la
somme de 6,000 livres. » Nattier reçut aussitôt
un acompte ; mais le dernier paiement n'eut
lieu qu'en 1760, par 2,000 livres en contrats à
cinq pour cent sur les États de Bretagne, disposition qui révèle la gêne dont souffraient
alors tous les services royaux et notamment
celui que dirigeait Marigny.

Dans l'intervalle, le tableau figura au Salon
de 1755, par une faveur spéciale obtenue de
Madame Adélaïde. Une lettre de Nattier fit

part à M. de Marigny de l'extrême désir qu'il
avait de le mettre sous les yeux du public :

A Paris, ce 10 août 1755.

Monsieur, comme vous avez donné vos ordres pour
l'exposition des tableaux au Salon, permettez-moi de vous
faire une prière, qui est d'obtenir de Madame Adélaïde
qu'elle trouve bon que le tableau de Madame Henriette y
soit exposé. Comme c'est un de mes meilleurs ouvrages,
je crois qu'il me ferait honneur ; d'ailleurs c'est un tableau
intéressant et qui figurerait très bien. Comme je ne doute
nullement qu'elle n'y consente, je vous demande en grâce
d'en donner l'ordre à M. Portail, afin qu'il le fasse arriver
à Paris assez à temps pour y avoir une place convenable
dans la décoration du Salon. Vous obligerez sensiblement
celui qui est, avec un respect infini, Monsieur,

Votre très humble et très obéissant serviteur,

NATTIER.

Voici la réponse du directeur des Bâtiments :

A Compiègne, le 14 août 1755.

Madame Adélaïde, Monsieur, a acquiescé à votre
demande ; elle consent que le tableau de Madame Henriette soit exposé au Salon du Louvre, et en conséquence
je donne ordre aujourd'hui à M. Portail de le faire transporter à Paris, pour que, dans l'exposition des tableaux,
il le fasse mettre dans une place convenable. Je suis,
Monsieur,

Votre très humble et très obéissant serviteur,

LE MARQUIS DE MARIGNY.

L'ordre envoyé à Portail était ainsi conçu :
« M. Nattier, Monsieur, m'ayant demandé de
vouloir bien obtenir pour lui de Madame Adé-

laïde la permission qu'il exposât au Salon du Louvre le portrait de Madame Henriette, qu'il regarde comme un de ses meilleurs ouvrages, et Madame Adélaïde ayant acquiescé à sa demande, vous aurez agréable de faire arriver à Paris ce portrait assez à temps pour qu'il soit mis au Salon dans une place convenable. J'attends la délibération de Messieurs de l'Académie sur le choix des ouvrages qui leur auront paru mériter d'y être exposés, pour vous donner mes ordres afin que vous alliez à Paris faire l'arrangement du Salon du Louvre suivant l'usage. »

Le public put admirer le grand tableau de Nattier à la place d'honneur du Salon, où furent exposés en même temps son portrait du duc de Bourgogne, celui de M. de Marigny par son gendre Tocqué, et le fameux pastel de La Tour, représentant la marquise de Pompadour. Les maîtres du portrait français semblaient apporter à ce Salon un lot de chefs-d'œuvre. Nattier pouvait, sans désavantage, y faire bonne figure. Son œuvre est d'une ampleur de composition dont il n'est pas coutumier. Madame Henriette, sur le fond d'une large draperie verte à grands plis, fait groupe avec l'énorme instrument, qui disparait en partie dans les plis du grand habit de soie rouge à ramages d'or. Le corsage, long et étroit, laisse nues les épaules, et les bras se dégagent des bouillonnés de dentelle. La lumière, venant d'en haut, éclaire la tête à l'expression douce et rêveuse, et dont le rouge avive le visage. Dans les cheveux est une rose parmi des perles. La main droite tient l'archet, et les doigts de la main gauche touchent les cordes de la basse de viole; sur un clavecin est ouvert un cahier de musique. Une architecture de palais s'aperçoit derrière la draperie; l'intérieur est somptueux et les détails précisent les goûts d'une princesse musicienne.

Après le succès qu'il eut au Salon du Louvre, le tableau fut rapporté à Versailles, dans l'appartement qui venait d'être fait pour Madame Adélaïde, joignant celui du Roi, et où celui-ci passait plusieurs fois le jour. L'image de Madame Henriette, qui la rendait vivante encore au milieu de la famille, était placée dans une magnifique bordure fleurdelisée, exécutée par l'un des meilleurs sculpteurs sur bois de l'époque, nommé Maurissant, « sur les dessins agréés de M. Nattier, peintre ». Cet encadrement avait coûté 588 livres. On commanda alors à Nattier une copie de la grandeur de l'original, destinée à rester au cabinet des tableaux du Roi, à Versailles ; cette copie, ou plutôt cette répétition, fut livrée en 1756 et payée 1,500 livres. Nous l'avons vue passer en vente, il y a peu d'années, signée et datée de 1756, à moins que ce fût l'exemplaire exécuté pour la sœur éloignée, Madame Infante, ou encore celui que la Dauphine faisait peindre cette même année et dont parle une lettre de Nattier à Marigny ; « Monsieur, suivant ce que vous m'avez fait l'honneur de me dire au sujet du portrait de Madame Henriette pour Madame la Dauphine, il faut que vous ayez la bonté, s'il vous plaît, de donner un ordre à M. Portail pour que ce tableau me soit envoyé à Paris, et à moi un petit ordre écrit pour que je puisse travailler en conséquence. » On se perd un peu ici parmi les copies diverses. La copie destinée à la Dauphine pourrait être celle qui figure encore à Versailles et qui a la grandeur de l'original. Un copiste du cabinet du Roi est seul responsable de cet autre portrait à mi-corps, utilisé en dessus de porte dans la chambre de Louis XV et qui présente, entre autres variantes, le titre d'un morceau de musique, presque déchiffrable, posé sur le clavier : *Aoust, Vénus et Adonis, Cantabille.*

Les Bâtiments payaient encore à Nattier, au prix de 300 livres, une copie du buste de Madame Henriette, « destinée pour M. l'évêque de Meaux, son premier aumônier ».

Mesdames de France tenaient tellement au pinceau flatteur qui savait les rendre jolies, que tout leur était prétexte à faire appel à ses bons offices. Comme elles vivaient entre elles dans une grande affection, il était naturel qu'elles échangeassent leurs images, surtout lorsqu'elles n'habitaient pas ensemble. Madame Adélaïde, promue au rôle d'aînée, fit refaire, en 1756, un nouveau portrait d'elle par Nattier, le troisième, pour l'offrir à Madame Victoire ; l'occasion fut l'installation nouvelle de « Mesdames Cadettes », Victoire, Sophie et Louise, dans leur appartement au rez-de-chaussée de Versailles, que venait de quitter précisément Madame Adélaïde pour monter auprès de leur père. Ce portrait, payé 1,200 livres, et pour lequel Nattier fournit une bordure de 120 livres, est ainsi désigné : « Madame Adélaïde faisant des nœuds. » La toile signée et datée, un peu agrandie de chaque côté, est exposée à Versailles.

Madame Adélaïde est de face, assise dans

un fauteuil de bois doré, vêtue d'une merveil-
leuse robe de cour cramoisie, glacée de blanc
et brodée d'étoiles. Elle tient à la main une
navette d'or ciselé et se livre à un divertissement dont le tableau fixe l'époque et qu'il ne
faut pas confondre avec les autres amusettes
que l'engouement féminin mit successivement
à la mode. « Faire des nœuds », c'était former,
au moyen d'une navette, sur un cordon de fil
ou de soie, des nœuds serrés les uns contre
les autres. Les navettes, que les femmes portaient partout avec elles, étaient de charmants
objets dont Martin vernissait le bois, ou qu'on
faisait en nacre, en acier ou bien en or, comme
celle dont se sert Madame Adélaïde dans son
portrait. On peut reconnaître sûrement l'aimable ouvrage auquel elle se livre, et qui faisait
fureur à la Cour. L'ignorance où nous sommes
de ces petites modes du temps passé a fait
désigner le tableau comme représentant le
parfilage ou la frivolité. La frivolité était une
espèce de petite fleur faite avec du fil et une
étroite navette, sans aiguille ni crochet ; le
parfilage consistait à retirer des étoffes ou des
galons de passementerie les fils d'or qui s'y
trouvaient, afin de les faire servir à d'autres
usages. « Qu'est-ce que parfiler, Monsieur ? »

MADAME ADÉLAIDE DE FRANCE

Musée de Versailles

demande à un duc et pair Tullia, la fille de
Cicéron, introduite, par une fantaisie de Voltaire, à la toilette de Madame de Pompadour :
« Madame, répond le duc, l'équivalent de ce
mot ne se trouve pas dans Cicéron. C'est
effiler une étoffe, la détisser fil à fil et en
séparer l'or ; c'est ce que Newton a fait des
rayons du soleil, et un nommé Locke en a fait
autant de l'entendement humain. » Madame
Adélaïde ne se livre pas à un jeu aussi symbo-
lique ; Madame Adélaïde ne « parfile » point ;
elle fait des « nœuds », et voilà un point acquis
à l'histoire.

Elle attendait de Nattier un portrait plus
important, qui devait faire pendant à celui de
Madame Henriette jouant de la basse de viole,
et dont Madame Infante avait, par avance,
retenu un exemplaire. La même étude de tête,
utilisée pour le petit portrait « aux nœuds »,
devait servir pour cette grande toile. Mais une
lettre du peintre, assez instructive à beaucoup
d'égards, adressée, le 24 juin 1755, à M. de
Marigny, montre quelles raisons s'opposaient
à l'exécution rapide de cette commande :

Monsieur,

J'ai écrit hier à mon gendre, qui est à Parme, secrétaire de M. le comte de Rochechouart, pour qu'il ait à

faire savoir à Madame Infante que j'ai reçu vos ordres pour finir le portrait de Madame Adélaïde ; mais, en même temps, je suis bien fâché d'être obligé de vous dire que ma situation ne me permet pas d'entreprendre cet ouvrage, si vous n'avez la bonté de me faire délivrer une ordonnance de deux mille écus au moins, à compte sur les tableaux que j'ai faits et livrés à la Cour depuis cinq ans. J'ai eu l'honneur de remettre le mémoire, dès l'année passée, qui se monte à près de 20,000 livres, sans y comprendre les deux portraits en pied de M. le duc de Bourgogne, ordonnés par Madame la Dauphine, l'année dernière.

J'ose me flatter, Monsieur, que vous aurez égard à ma demande. En conséquence de quoi j'irai à Versailles avant le départ des princesses, pour avoir les habillements et dentelles nécessaires pour mettre ce tableau en ordre.

NATTIER.

Le tableau fut fini en 1758. Avant de le livrer, Nattier se préoccupait de la bordure dans laquelle il devait être présenté, et mettait sa coquetterie d'artiste à ne pas finir la toile avant que Maurissant n'eût fourni son bois sculpté. Les lettres de l'artiste n'étant pas nombreuses, on peut encore reproduire celle-ci, qui semble adressée à Portail et qui est du 14 février 1758 :

Monsieur, la bordure dont je vous ai parlé la dernière fois que j'ai eu l'honneur de vous voir est pour le grand portrait de Madame, qui doit faire pendant à celui de Madame Henriette. Il y a bientôt deux ans que vous m'avez donné cet ordre, d'après celui de Madame. Ce

tableau est fort avancé ; vraisemblablement, il y faudra une
bordure ; lorsqu'il sera totalement fini, il serait désa-
gréable de ne savoir où le placer faute de bordure. Vous
savez, Monsieur, que c'est la *ruffiana del quadro*. Comme
il faut du temps pour la faire, je crois qu'il vous est indis-
pensable d'en donner l'ordre au sieur Maurissant, qui a
fait celle de Madame Henriette, pour qu'il suive le même
dessin. Je suis, avec un respectueux attachement, Monsieur,

Votre très humble et très obéissant serviteur,

NATTIER.

Nattier envoya le portrait à la Cour, le
2 octobre, et demanda 2,000 écus. « Ce tableau,
écrivait-il, a été fait pour faire pendant à celui
de Madame Henriette jouant de la basse de
viole ; en conséquence de quoi il est de même
grandeur et représente la princesse en habit
de cour, tenant un livre de musique, faisant
l'action de quelqu'un qui chante. Ce tableau
est décoré de tous les attributs convenables,
moyennant quoi il est très chargé d'ouvrage. »
Cochin fut consulté sur le prix qui fut réduit
à 5,000 livres. La toile originale dut figurer
chez Mesdames ; nous n'avons, au Louvre et
à Versailles, que deux répétitions du Cabinet
du Roi, de valeur à peu près égale, et que
distingue seule la variante du petit carlin jouant
sur le tapis ; il est blanc à Versailles, noir au

Louvre ; ce sont les deux chiens favoris de Madame Adélaïde, qu'elle a voulu vouer l'un et l'autre à l'immortalité. Elle a tenu elle-même à être représentée dans cette attitude de musicienne qui lui devait être familière, et dont le riche cabinet de son appartement, appelé à Versailles le « Salon de Musique », conserve le souvenir. L'artiste a dédaigné, malheureusement, de la placer dans un de ces brillants intérieurs auxquels l'habit de cour s'harmonisait si bien ; une architecture de convention occupe le fond du tableau. Mais la princesse est assise avec une aisance infinie ; une robe de velours, couleur de saphir éteint, bordée de fourrure noire, étend gracieusement autour d'elle ses larges plis. Un chiffonné de fines dentelles couvre à demi ses bras. Elle paraît à la fois précieuse et naturelle, avec une expression de réserve et cette hauteur qui faisait le fond de sa nature. D'un joli geste, son doigt est levé pour battre la mesure, l'autre main tenant un cahier de musique. Le sieur Caron de Beaumarchais, qui posa lui-même un jour devant Nattier, semble être en face de son élève, pour lui donner sa leçon. Nul étalage de richesse prétentieuse, mais une distinction exquise en tous les détails, de la fleur posée sur la poudre au mignon soulier de satin qui dépasse à peine la jupe.

Madame Infante ne put emporter à Parme l'exemplaire qui lui était promis. A la fin de son séjour en 1759, au mois de décembre, elle mourut à Versailles, et ce fut, comme à l'époque de la mort de Madame Henriette, une occasion de réclamer à Nattier le portrait qu'il avait commencé du vivant de la pauvre princesse et qui n'était pas encore achevé. Les difficultés qu'il éprouvait pour les paiements, dus par les Bâtiments du Roi, expliquaient qu'il mît moins d'empressement qu'autrefois à exécuter leurs commandes. Comme il avait chez lui l'étude de la tête, il se mit aussitôt à l'œuvre et fournit deux tableaux, l'un en 1760, l'autre en 1761 ; le premier, qui parut au Salon et représente Madame Infante en habit de chasse, fut payé 2,000 livres, plus 400 livres pour frais de séjour à Compiègne et à Versailles ; le second, où la princesse est en habit de cour, « assise dans un palais richement orné », et dont l'original fut mis à la disposition du duc de Parme, coûta 5,000 livres, les dimensions étant les mêmes que celles des grands portraits de Mesdames Henriette et Adélaïde.

L'identité des deux têtes, dans le portrait de chasse et le portrait de cour, s'explique par la façon dont travaillait l'artiste pour représenter les princesses. La fille aînée de Louis XV ressemble d'étonnante façon à son père. Elle a le même ovale du visage, les mêmes yeux longs et doux, la même bouche expressive ; on lui trouve seulement plus d'énergie et moins de finesse. Dans la première toile, le tricorne à plume blanche, qui barre le front, durcit encore l'ensemble des traits ; mais la pose choisie n'est pas sans charme. L'amazone, assise au pied d'un arbre, porte un habit vert sombre aux larges revers de dentelle ; ses belles mains nues froissent les gants ; un gentilhomme des chasses va prendre le cor placé auprès d'elle pour sonner l'*Hallali de la Reine;* au fond, passe un cerf poursuivi par des chiens courants et des cavaliers.

L'autre portrait fait un tableau moins intéressant, précisément parce qu'il n'est qu'un morceau d'apparat. L'architecture du « palais richement orné », qu'interrompt, on ne sait pourquoi, l'inévitable draperie, ne comportait point la table rocaille de bois doré où se trouve placée, près d'un livre, la couronne de princesse régnante. Le manteau fleurdelisé s'épand derrière la duchesse de Parme en lourds plis de velours. Elle est vêtue d'une robe blanche à ramages d'or ; du corsage bouillonné, aux manches à volants de dentelle, se dégagent les épaules, la poitrine et les bras, qui paraissent fort beaux. Un nœud de rubans entoure le cou de la jeune femme ; des roses dans les cheveux, un éventail à la main, complètent la convention de son portrait. L'artiste a accentué sa ressemblance avec le Roi, à qui le maréchal de Noailles écrivait d'Espagne : « ... Elle est infiniment mieux que lorsqu'elle est partie de France..... Sa figure est très agréable, les plus beaux yeux du monde, le regard perçant et annonçant l'esprit... ; et, pour tout dire en un mot, Sire, c'est votre véritable portrait. »

A l'école d'Élisabeth Farnèse, Madame Infante avait acquis les ressources d'un habile politique et d'un diplomate persévérant. Courageuse, hardie, avide de pouvoir et d'argent, souffrant d'une situation mesquine pour une fille de France, elle consuma sa vie à chercher un trône pour son mari et à le préparer pour ses enfants. Cette activité, ces talents, cette ambition, qui lui donnent un caractère si tranché parmi les princesses de son temps, n'ont point de reflet dans les portraits que Nattier

fit d'elle ; on y devine la race des Bourbons
alourdie par le sang polonais, on y découvre
une santé vigoureuse et rien de plus. Le
peintre, qui si rarement s'intéresse à traduire
l'âme de ses modèles, a cette fois une excuse :
c'est que les princesses lui accordèrent trop
fugitivement, en des séances toujours insuffi-
santes, le moyen de les étudier.

IV

LES DERNIÈRES ANNÉES
DE NATTIER

L'ENTRÉE de Nattier au service du Roi et
cette série de travaux, dont nous avons
retrouvé les traces et raconté l'histoire,
lui avaient valu un accroissement de succès.
Peintre officiel, comme on dirait aujourd'hui,
il n'en restait pas moins peintre à la mode,
car les femmes de la Cour et de la Ville s'esti-
maient fort honorées de confier leurs traits au
pinceau généreux qui savamment embellissait
Mesdames de France. On s'explique ainsi que
les commandes des Bâtiments aient été quelquefois négligées par l'artiste, surtout au moment où leurs paiements se firent moins réguliers ; il préférait satisfaire une clientèle qui
payait aisément et se renouvelait sans cesse.
Sa fortune s'en fût bien trouvée, s'il se fût

attaché sérieuscment à la constituer, ou simplement s'il l'eût administrée avec sagesse. Ses enfants avaient pour lui trop de tendresse et ils prirent trop de fierté du nom qu'il leur laissa pour lui reprocher jamais cette insouciance de l'argent, presque naturelle dans la vie d'un artiste ; ils recueillirent pourtant parmi ses papiers et firent connaître, pour expliquer la gêne de la famille, quelques aveux que lui dictèrent ses regrets paternels et qui révèlent son caractère tout entier.

Le bon Nattier se reproche naïvement, vers la fin de ses jours, « tous les mauvais marchés qu'il a faits dans sa vie, notamment celui de la vente des dessins de la galerie de Rubens à M. Law, et plusieurs autres de cette nature ; le peu de soin de placer et de faire valoir son argent, et sa trop grande facilité à le prêter à des gens qui, pour la plupart, ne le lui ont jamais rendu ; la négligence de se faire payer de ses ouvrages, qui, jointe aux pertes fréquentes qu'il a été obligé d'essuyer par les banqueroutes ou par la mort des personnes dont il avait fini les portraits, doit nécessairement avoir beaucoup nui à l'arrangement de ses affaires ; la quantité infinie de portraits qu'il a faits dans le courant de sa vie pour ses amis

LA MUSE ÉRATO ET L'AMOUR

(MADAME DE SOMBREUIL ET SON FILS)

A M. Pierre Lebaudy

et même pour de simples connaissances sans vouloir en recevoir aucun paiement ; d'avoir trop donné dans le goût des curiosités de cabinet, qui, ajoute-t-il, l'a mené beaucoup plus loin que l'état de sa fortune ne lui aurait dû permettre. M. Nattier allègue ensuite les fortes dépenses qu'il a été obligé de faire pour soutenir sa maison, ayant eu neuf enfants à élever, dont l'éducation a dû nécessairement être fort coûteuse, et ayant épousé une femme valétudinaire, dont les maladies violentes et presque continuelles lui avaient enlevé des sommes considérables. De tous ces obstacles réunis, on peut conclure qu'il eût été aussi difficile à M. Nattier de pouvoir beaucoup amasser, qu'il lui avait été facile d'acquérir. » Le transcripteur de cette confession affligée du père de famille ajoute aussitôt qu'on ne saurait que l'en admirer : « Heureux l'homme qui, à la fin d'une longue carrière, n'a d'autres torts à s'imputer que ceux dont toute âme généreuse et bien née peut aisément faire l'apologie ! »

Ce que la piété filiale ne pouvait avouer publiquement et que nous avons le droit de dire, c'est que par sa faute l'artiste amena la décadence de sa carrière et l'amoindrissement

de sa vie. Il arriva un moment où le succès
l'entraîna comme tant d'autres et le détourna
de cette exécution consciencieuse, poussée à
la perfection suivant ses moyens, qui pouvait
ne pas plaire à tous, mais qui donnait du moins
toute sa mesure. Devant l'affluence des commandes, il s'abandonna à une facilité, qui lui
était d'ailleurs naturelle et qui éloigna de lui
l'admiration des connaisseurs, préparant peu à
peu la désaffection du public. Il est aisé de
constater que les toiles de Nattier postérieures
à 1750, et surtout les dernières, sont souvent
de moindre qualité que celles qui portent des
dates plus anciennes.

Avant d'arriver à cette période d'affaiblis-
sement, que d'œuvres intéressantes encore
sollicitent l'attention ! Pour suivre l'artiste à la
Cour, nous l'avons laissé au Salon de 1745, qui
fut pour lui un si grand triomphe. Son exposition de 1746 le cédait à peine en importance à
la précédente ; encore n'y faisait-il figurer ni
la princesse de Turenne, qui est à Versailles,
ni la princesse de Beauvau, ni d'autres portraits que nous pourrions dire et qui témoignent de l'activité de son pinceau. La pièce la
plus curieuse pour nous, par la recherche des
effets lumineux et l'indication du personnage

LA PRINCESSE DE BEAUVAU

A M. le vicomte Eugène-Melchiör de Vogüé

Pastel

dans son milieu, est le tableau ainsi désigné au
livret : « Le portrait de M. Bonier de la Mosson
dans son cabinet. » C'est celui qui nous arrive,
depuis son passage dans la collection Rothan,
avec le nom de Buffon, à cause du volume de
l'*Histoire Naturelle,* sur lequel est appuyé le
personnage, assis en robe de chambre dans un
intérieur de naturaliste. Aucune ressemblance
ne justifie le nom du grand écrivain, alors que
les détails représentés s'accordent admirable-
ment avec ce que nous savons de l'amateur
parisien exposé au Louvre par Nattier, et qui
possédait « un des plus beaux cabinets qui se
voyaient à Paris ». Le goût de M. Bonier de la
Mosson s'était porté spécialement sur les « curiosités naturelles »; il avait un laboratoire et
une « apothicairerie » où les pots étaient à ses
armes; ses collections, rangées avec magnifi-
cence en des meubles superbement sculptés,
occupaient sept pièces d'enfilade dans son hôtel
de la rue Saint-Dominique. Nattier a groupé
précisément autour de lui plusieurs objets
significatifs, destinés à rappeler l'ensemble des
séries décrites longuement par Dargenville.
On y aperçoit notamment quelques spécimens
des « modèles en bois et en carton qui concer-
naient l'hydraulique, l'artillerie, la navigation

et l'architecture », et, sur un autre rayon, « le
droguier, composé de bocaux placés sur des
tablettes », avec des fioles contenant « quantité de fœtus, de serpents et autres animaux
rares ». Quatre ans auparavant, Nattier avait
peint, dans un sentiment tout autre, Madame
Bonier de la Mosson, une des plus belles de
ses Dianes ou de ses Nymphes chasseresses ;
cette toile a des équivalents dans son œuvre ;
il est plus intéressant pour nous de voir le
mari représenté parmi ses objets familiers,
occupé à ses études favorites.

C'était cependant la mythologie qui faisait
encore le plus d'honneur à Nattier, à cette
exposition de 1746. Nous ne connaissons pas
son Hébé, mais nous avons sa Flore et aussi
sa Muse Érato. Celle-ci représente une Madame
de Sombreuil, sans doute avec son jeune fils en
Amour. Elle est assise au pied d'un arbre,
appuyant la lyre sur sa poitrine et déployant
un papier où se lisent distinctement des vers
qui la célèbrent. Cette fille de Jupiter, qui
préside à la poésie amoureuse, laisse s'accou-
der sur ses genoux le petit dieu malin, au
doigt levé, dont la bouche entr'ouverte semble
prononcer les louanges de la Muse. Flore est
la jeune marquise de Baglion, Françoise-Scho-

LA MARQUISE DE BAGLION

A M. le marquis de Chaponay

lastique du Roure, une des filles de cette comtesse du Roure qui fut dame de la Dauphine, amie de Madame de Pompadour et sa compagne ordinaire aux voyages de Choisy. Madame de Baglion est une fort belle femme, avec plus d'intelligence que de charme dans les traits ; sa robe, très décolletée, découvre une poitrine éblouissante ; ses longues mains ramènent une écharpe bleue qui retient des fleurs, et des fleurs partout sont semées sur elle. On a dû parler plus d'une fois de ce tableau à Versailles, à la toilette de la Marquise ou aux petits soupers du Roi.

Après cette apothéose de la femme, Nattier n'exposait, en 1747, que deux portraits d'homme : celui du Dauphin à Fontenoy et un portrait « historique » daté de l'année précédente, le duc de Chaulnes en Hercule. Le fils du maréchal de Chaulnes, qui s'était appelé le duc de Picquigny jusqu'à la mort de son père, en 1744, avait fait peindre sa femme en Hébé et souhaité aussi pour lui-même le travestissement mythologique ; il nous apparaît assis sur des rochers, couvert de la peau d'un lion, la poitrine, les bras et les genoux nus, tenant dans ses mains la massue arrachée d'un arbre

voisin ; si l'on isole la belle face au fort menton, à la bouche fine, avec son encadrement de
cheveux naturels, on retrouve aisément le portrait d'un grand seigneur de la cour de France.
Cet étrange tableau, d'une chaude coloration
dorée, sort tout à fait de la manière ordinaire
de Nattier.

Au Salon de 1748, il présentait les portraits
de la Reine, de Mesdames Sophie et Louise, un
pastel de M. de Maupeou, premier président
du Parlement de Paris, et un portrait de la
demoiselle Coraline, actrice de la Comédie-Italienne, qui n'est pas indiqué au livret et dont
parlent seulement les *Observations sur les Arts,*
du sieur Saint-Yves. On pourrait songer à
identifier ce tableau soit avec la piquante tête
brune, appuyée sur un bras charmant, le cou
serré d'un collier de jais, qui semble porter la
date de 1748 dans la collection Cronier, soit
avec cette « Mademoiselle de Savigny », qui
fut longtemps si admirée chez le feu marquis
de Ganay et qui est, à coup sûr, un des plus
séduisants morceaux de notre peintre.

A cette belle production de 1748, nous
allons pouvoir joindre une pièce d'un intérêt
particulier ; c'est le portrait de Madame de
Pompadour, dont il faut ici établir l'histoire,

LA MARQUISE DE LA FERTÉ-IMBAULT

A M. le marquis d'Estampes

puisqu'il est demeuré oublié jusqu'à ce jour. Dès l'année qui suit le commencement de sa liaison avec Madame Le Normant d'Étioles, Louis XV la fait peindre par Nattier. Il la veut en Diane, rappelant ainsi peut-être l'entreprenante amazone de la forêt de Sénart, qui attira d'abord son attention au cours des chasses royales. La jeune femme est, selon toute apparence, en relations avec Nattier, car l'on peut supposer qu'elle a déjà eu son portrait du peintre à la mode. L'exemple de son amie, Madame de la Ferté-Imbault, de qui elle chercha longtemps à imiter les bonnes manières, l'a sans nul doute décidée, et M. Le Normant de Tournehem, fermier général opulent et Mécène des artistes, a dû sans hésiter satisfaire un tel caprice de sa belle nièce. Un portrait en buste, qui nous est imparfaitement connu, et que Nattier a signé et daté, passe dans une famille de la descendance des Le Normant, pour représenter la brillante bourgeoise de 1742. Quelques années plus tard, ses hautes destinées s'étant accomplies, elle s'est retrouvée en présence du peintre.

Nattier est mandé à la Cour, pendant le séjour à Fontainebleau, dans l'automne de 1745, et son court mémoire dit tout ce qu'il importe de savoir : « Mémoire d'un portrait de Madame la marquise de Pompadour, peint par ordre de M. de Tournehem par le sieur Nattier, à Fontainebleau, pendant l'année 1746. Ce portrait est peint jusqu'aux genoux, sur une toile de quatre pieds quatre pouces de haut sur trois pieds quatre pouces de large. Il représente Diane avec ses attributs; le fond est un paysage. Ledit ouvrage estimé 2,500 livres. » L'artiste, qui n'a fait à Fontainebleau qu'une étude de la tête, ne livre pas immédiatement son tableau; il n'est payé que sur l'exercice de 1748, bien entendu sans réduction aucune. C'est pour ce portrait de la marquise que Nicolas Pineau a sculpté, en 1747, une belle bordure aux motifs de chasse, dont le dessin a été conservé.

Cette grande toile n'a été signalée nulle part, et on peut souhaiter que ces indications la fassent retrouver. Une Diane, qui figura dans une vente de 1877, et que citent les Goncourt, portait le nom de la marquise; mais on sait quelle autorité ont les désignations des ventes. Un renseignement tout à fait sérieux est apporté par les petites estampes assez médiocres de Cathelin et de Le Beau; Madame de Pompadour y est représentée, d'après Nattier, en buste dans un ovale, de face, les cheveux rele-

LA MARQUISE DE POMPADOUR

Musée de Versailles

vés, sans fleurs ni bijoux, la gorge à demi nue,
une draperie couvrant en partie la chemise, et
fixée par un ruban qui passe sur l'épaule. Ces
gravures contemporaines reproduisent apparemment un fragment de la Diane ; elles nous
ont mis, en outre, sur la voie d'une découverte
différente.

Le musée de Saint-Omer tient de la libé-
ralité d'un particulier un portrait en buste de
Nattier, daté de 1748, que répète, avec quelque
diversité dans l'expression, une toile de Versailles désignée jusqu'ici comme représentant
la duchesse d'Orléans, à laquelle, à vrai dire,
il ne ressemble en rien. Ce dernier tableau, qui
semble plutôt une réplique de Nattier qu'un
tableau d'atelier, mais que les repeints ont dé-
plorablement défiguré, dut être jadis un morceau excellent, pour qu'il nous transmette
encore une séduction féminine aussi pénétrante. Or, les deux toiles, l'original de Saint-
Omer et la répétition de Versailles, reproduisent, détail pour détail, pli pour pli, sans la
moindre variante, la disposition des petits portraits de Madame de Pompadour gravés de
son temps d'après Nattier. Cette présomption
d'identité se justifie par un examen attentif :
aucun trait ne s'y trouve en désaccord avec la

tradition iconographique de la marquise ; on
y note même la couleur indécise des yeux et
l'indication des cheveux châtains. Ce portrait,
qui nous a longtemps inquiétés et dont la désignation ancienne ne pouvait nous satisfaire,
apporte donc une heureuse surprise. Si ce
n'est point le grand tableau commandé par
le Roi, c'en est du moins la partie essen-
tielle répétée par Nattier, probablement pour
la marquise elle-même ; et voici enfin, ajoutée
à cette galerie de ses images, si différentes les
unes des autres, si délicieuses et si déconcer-
tantes par leur variété, une Madame de Pompadour nouvelle et non la moins enchanteresse.

Comme il n'y eut pas d'exposition au Louvre
en 1749, Nattier ne présenta que l'année suivante les principaux tableaux auxquels il a mis
cette date. On s'étonne qu'il n'y ait pas joint
le portrait de l'ancien doyen de la Faculté de
médecine de Paris, Guillaume-Joseph de l'Épine,
qui appartient encore à cette Faculté ; ce jeune
dignitaire de l'Université, aux traits affadis et
sans caractère, mais élégamment enfoui dans
une éblouissante hermine, est celui qu'a gravé
beaucoup plus tard Augustin de Saint-Aubin,
ad vivum et dans le même costume. Le Salon

MADAME MARSOLLIER ET SA FILLE

Musée de Weimar

Dessin

de 1750 offrait trois portraits de Nattier : ceux
du comte et de la comtesse d'Argenson, et celui
de Madame Marsollier. Le ministre de la Guerre,
« tenant le plan de Fontenoy », est assis sous
sa tente, dont l'ouverture laisse apercevoir la
Maison du Roi manœuvrant dans la plaine. On
retrouve le buste du tableau, toujours marqué
de quelque mièvrerie, dans une copie qui est au
musée de Versailles ; il rend mal l'homme éner-
gique, spirituel et avisé, que fut le comte
d'Argenson et que le pinceau de Nattier, trop
habitué aux grâces féminines, n'était plus en
état de révéler. Le portrait, évidemment plus
intéressant, de son aimable femme, en robe
bleue, « tenant une petite caniche », est encore
conservé par la famille d'Argenson, dans ce
château des Ormes, en Limousin, où le ministre
de Louis XV passa sa longue retraite et reçut
tant d'honorables visites de ses contemporains.
Un autre portrait de la comtesse d'Argenson,
qui paraît être une réplique moins grande, est
entre les mains de M. le marquis de Valfons,
descendant de ce brillant Valfons, de qui elle
agréait les hommages au temps où Nattier im-
mortalisait sa beauté épanouie. Il ne serait pas
invraisemblable que le peintre eût reçu d'elle
la commande de la seconde toile.

Madame Marsollier, qui fut exposée au
même Salon, est moins connue de la chronique ; on parlait d'elle pourtant, même à la
Cour, et le duc de Luynes n'a pas dédaigné de
noter son histoire. Fille d'un procureur du Roi,
et fort belle, elle avait épousé, pour sa fortune,
un gros marchand de soie, et leur fille unique
devait être extrêmement riche ; mais une des
conditions du mariage avait été que la dame ne
mettrait jamais les pieds dans la boutique où le
mari vendait son étoffe ; elle évitait même de passer dans la rue Saint-Honoré pour ne pas voir la
devanture. On riait de ces façons et on l'appelait *la duchesse de velours*. Pour « se décrasser »
du négoce, elle fit acheter à M. Marsollier une
charge de secrétaire du Roi. Le beau tableau
de Nattier, dont le dessin est conservé à Weimar, la montre mêlant, d'un geste étudié, dans
les cheveux de sa fille, des plumes et des
fleurs. C'est devant la table à coiffer, drapée
d'une étoffe à dentelles, où l'on aperçoit la
boîte à poudre et l'aiguière, que l'artiste a placé
ces bourgeoises jolies et précieuses.

Nattier était encore en possession de sa
vogue et certains critiques de l'époque lui pro-
mettaient même, après les succès du moment,

les suffrages de la postérité. Saint-Yves l'assurait, par une prophétie qui a fini par se trouver
véridique, que ses tableaux seraient un jour
recherchés par les meilleurs cabinets d'amateur :
« La manière galante, écrivait-il, dont sont ajus-
tés les portraits de femmes sortis des pinceaux
de M. Nattier, leur en ouvrira un jour l'entrée.
On n'est point étonné qu'elles aiment à se faire
peindre par lui : personne n'a le don de les faire
plus ressemblantes, et n'est plus heureux dans
le choix de leurs attitudes et de leurs airs de
tête toujours gracieux; il semble que l'amour
conduise son pinceau. Les grâces de celles que
M. Nattier peint, rendues par cet habile homme,
embellies par lui, deviennent même si tou-
chantes, que souvent la vue du portrait achève
en nous ce que la vue de la personne n'avait
que commencé. Aussi M. Nattier, de tous nos
peintres le plus employé par les femmes, est-il
le premier qui ait su en historier les portraits,
qu'il pare des attributs les plus galants. »

Les critiques qui dissertent des choses de
l'art n'ont jamais songé à se mettre d'accord
entre eux; ils portaient déjà au xviii° siècle,
sur les peintures soumises à leur jugement, les
appréciations les plus dissemblables, et Nattier
ne tarda plus à en faire la fâcheuse expérience.

A peine recevait-il de l'auteur des *Observations
sur les Arts* les éloges qu'on vient de lire, qu'il
pouvait entendre s'élever les premières voix
annonçant son déclin. A propos du Salon de
1750, Bachaumont avait été chargé d'écrire
des notes sur les meilleurs peintres, sculpteurs,
graveurs et architectes des Académies royales ;
arrivé à Nattier, il analysait ainsi ses derniers
ouvrages, avec la perspicacité d'un connaisseur
sans complaisance : « Ordinairement il fait ressembler et en beau, surtout les femmes ; ses
habillements sont galants, mais maniérés, et
sentent ce qu'on appelle le mannequin. Le
coloris de ses chairs est souvent fort mauvais,
plombé, gris, tirant à l'encre de la Chine, à la
brique et au noir. Il veut donner de la force et
il devient dur ; il a voulu imiter Santerre et
cela l'a gâté. Il ébauche bien et de bonne couleur et, quand il vient à finir, il la gâte ; elle
devient livide, et son travail paraît tout estompé
dans ses chairs et indécis comme une tête qu'on
regarderait à travers une gaze noire. » Et, pour
préciser par une comparaison ces observations
justes, mais cruelles, le critique n'hésitait pas
à ajouter : « Son gendre, M. Tocqué, lui est bien
supérieur... C'est un excellent peintre ; il n'est
pas assez connu, on ne l'estime pas assez. »

MADAME LEERSE

Institut Staedel, Francfort

Photographie Bruckmann

Nattier abusait alors de son métier facile,
de son extrême habileté, du prestige que lui
avaient acquis ses œuvres fortes d'autrefois. Le
père d'une nombreuse famille avait besoin de
travailler beaucoup et de produire promptement. La nécessité de satisfaire une petite clientèle, souvent plus avantageuse que la grande,
absorbait la meilleure partie de son temps. On
venait de province et même de l'étranger pour
se faire peindre par lui, avec ou sans les mains,
suivant le prix qu'on y voulait mettre. Le ban-
quier J.-G. Leerse, de Francfort, notait dans son
journal, en novembre 1749 : « J'ai été chez
Nattier, peintre très fameux, dont je me suis
fait tirer, de même que mon épouse. Je n'ai
été assis que trois fois, et elle quatre. » Les
portraits en buste des époux sont à l'Institut
Stædel, témoignages éloquents de la facilité du
peintre. Celui-ci ne pouvait suffire à des commandes aussi multipliées. Aussi trouve-t-on,
vers ce moment, quelques portraits de femme
signés de son nom et fort médiocrement traités,
qui font pendant au portrait du mari signé par
Tocqué. On voit travailler ainsi, dans une sorte
d'association commerciale, le beau-père et le
gendre, adoptés l'un et l'autre par la mode.

Il n'est pas surprenant que Tocqué ait

fini par supplanter ce beau-père fatigué et incapable d'application. Ses dons de portraitiste sont, d'ailleurs, supérieurs à ceux de Nattier. Son dessin est plus ferme, sa couleur plus vraie, et il ne peint que la nature. C'est vraiment le maître du moment, et la faveur du public va vers lui. La plus grande union régnait, par bonheur, dans la famille, et Nattier ne paraît pas avoir éprouvé le moindre sentiment de jalousie pour ce gendre si bien doué et que les nouveaux critiques lui préféraient. Louis Tocqué avait épousé, le 7 février 1747, Marie-Catherine-Pauline Nattier. Parisien, né en 1696, reçu académicien en 1734, il avait rempli déjà une honorable carrière ; il avait même travaillé pour la Cour avant son beau-père, puisqu'il peignit, en 1738, le Dauphin et la Reine. En 1747, il représentait en grand habit la première Dauphine, l'Infante, fille de Philippe IV. C'était à lui que M. de Tournehem, et plus tard M. de Marigny, allaient demander leur portrait officiel de directeurs des Bâtiments du Roi, et il devait réaliser bientôt, en acceptant de se rendre à la cour de Russie, le projet devant lequel Nattier avait reculé dans sa jeunesse.

L'opinion la plus favorable à Nattier le

mettait à présent sur le même rang que Tocqué, leur accordant d'ailleurs le premier parmi les peintres de portraits. « Voici un genre, écrivait un nouvelliste de 1749, qui, étant aujourd'hui à la mode à Paris, et par conséquent le mieux payé, doit être aussi le plus parfait. Nous en avons un grand nombre qui excellent, sans remplacer Rigaud ni Largillierre. On estime les sieurs Tocqué et Nattier les premiers en ce genre pour les portraits à l'huile. Celui-ci a peint toute la Famille royale et plus d'une fois; il a un talent particulier pour ajouter des grâces à la ressemblance. On trouve dans le pinceau du sieur Tocqué plus de fermeté, plus de science, mais moins d'agrément. » L'écrivain citait encore Nonnotte et Le Sueur, rappelait les pastels de Coypel, et nommait avec lui La Tour et aussi un nouveau venu, Perronneau, « qui marche à pas de géant dans cette carrière ». Il aurait fallu ajouter à cette liste les Vanloo, Aved, De Lyen, Chardin à ses heures, et même le vieux Tournières. Telles étaient les ressources que Paris offrait pour le portrait vers le milieu du xviiie siècle.

Casanova, qui s'y trouvait à cette époque et n'était point ignorant en peinture, a donné ses idées sur le portrait dans une page peu

connue de ses mémoires, où il fait intervenir
Nattier de la façon la plus intéressante :
« Quoique le portrait soit la partie la plus
matérielle de l'art, il est juste de remarquer
combien les peintres qui ont excellé dans ce
genre sont en petit nombre. Il y a trois espèces
de portraits : ceux qui ressemblent en laidis-
sant, ceux qui rendent la ressemblance dans
toute sa perfection, sans plus ni moins que la
nature, et ceux qui, à une ressemblance parfaite, ajoutent un caractère imperceptible de
beauté. Les premiers ne sont dignes que de
mépris et ceux qui les font mériteraient d'être
lapidés, car ils ajoutent l'impertinence au
défaut de talent et de goût et ne conviennent
jamais de leur tort ; on ne saurait, sans injustice, refuser un mérite réel aux seconds ; mais
la palme appartient aux derniers, qui malheureusement sont extrêmement rares, et leurs
auteurs méritent la brillante fortune qu'ils font.
Tel a été le célèbre Nattier de Paris, que j'ai
connu dans cette capitale en 1750. Ce grand
artiste avait alors quatre-vingts ans [en réalité
soixante-cinq]; malgré son grand âge, son beau
talent semblait être encore dans toute sa fraîcheur. Il faisait le portrait d'une femme laide ;
il la peignait avec une ressemblance parlante,

et, malgré cela, les personnes qui ne voyaient
que son portrait la trouvaient belle. Cependant, l'examen le plus scrupuleux ne laissait découvrir dans le portrait aucune infidélité ; mais quelque chose d'imperceptible
donnait à l'ensemble une beauté réelle et indéfinissable. D'où lui venait cette magie ? Un
jour qu'il venait de peindre les laides Mesdames de France, qui sur la toile avaient l'air
de deux Aspasies, je lui fis cette question. Il
me répondit : « C'est une magie que le dieu
du goût fait passer de mon esprit au bout
de mes pinceaux. C'est la divinité de la
Beauté que tout le monde adore et que personne ne peut définir, parce que nul ne sait
en quoi elle consiste. Cela démontre combien
est imperceptible la nuance qui existe entre la
laideur et la beauté ; et cette nuance, cependant, paraît si grande à ceux qui n'ont aucune
connaissance de notre art ! »

Nattier cependant gardait toujours ses préférences pour la peinture d'histoire. Sans
songer à quitter un genre pour lequel il ne
se sentait pas d'attrait et où il avait réussi
presque en dépit de ses aptitudes, il lui plaisait
de penser qu'il pourrait un jour s'élever plus

haut. A mainte reprise, il rêva de reprendre
de grandes compositions, dont il traçait au
moins les esquisses. La plus importante, qui
est un vrai tableau, représente un *Jugement de
Paris,* où toutes les divinités de l'Olympe
assistent à la scène et qui ne compte pas
moins de vingt-cinq figures. Le sujet d'*Apollon
et les Muses,* qu'il indique dans le fond du portrait de Madame Boudrey, se retrouve sur son
chevalet dans la toile où Voiriot l'a représenté
lui-même. Écoutons, au reste, Madame Tocqué : « Comme il était laborieux et par conséquent fort matinal, il donnait à la lecture et à
la composition, ses passions favorites, les moments qu'il ne pouvait donner à la peinture,
et c'est à l'heureux emploi de ces moments
que l'on doit les belles esquisses qui restent
de lui. Il a laissé à ses enfants un des plus beaux
dessins de composition qu'il ait faits, dont le
sujet est la Chute des Anges, tiré du *Paradis
perdu* de Milton. On peut dire qu'il a rendu
dans ce dessin, qui est digne d'admiration,
une grande partie du feu et de l'enthousiasme
qui brillent dans l'auteur et qui font un chef-
d'œuvre du sixième chant de ce poème. » Ce
grand dessin, qui appartient encore à la descendance de l'artiste, justifie presque ce qu'en

MADAME BOUDREY

A M. Joseph Bardac

dit sa fille ; il révèle en même temps à notre
curiosité un Nattier inattendu.

C'est une composition très poussée, aux
deux crayons, signée : *Nattier fecit, 1751*. Elle
représente, suivant la description du poète
anglais, la précipitation des mauvais anges, et
plus de cent figures y prennent place. Tout
en haut et à l'arrière-plan, au milieu de nuages
d'où émergent les colonnes d'un temple, et
sur lesquels des anges paisibles font entendre
leur concert, le Seigneur du monde est assis,
la tête encadrée du triangle lumineux. Sous
ses yeux la bataille céleste s'achève. Parmi les
défenseurs du Ciel, qui lancent la foudre de
leurs mains, Michel, porté sur un char aérien,
fait songer à un Christ de Michel-Ange. Tous
les adversaires de la lumière s'écroulent dans
une chute gigantesque ; c'est un emmêlement
de monstres effroyables et de figures humaines,
qui précisent les moindres détails du poème.
La figure principale de cette scène de malé-
diction, celle qui attire l'attention et la con-
centre, est une sorte de Sirène, dont le corps
étouffé par un serpent énorme est foulé par
le squelette de la Mort. Les dieux du paga-
nisme sont groupés au bas, à gauche, aisés à
reconnaître à leurs symboles, ainsi que le

cheval Pégase, précipité avec eux. La composition est d'un équilibre excellent, d'une invention riche, et révèle chez le peintre des Grâces une débordante imagination que la vie ne lui a pas permis d'utiliser.

L'allégorie, que Nattier avait un peu négligée les années précédentes, reprenait ses droits dans son exposition de 1751, où parurent quatre de Mesdames en *Éléments*. A côté, figurait Madame la Dauphine en habit de cour. Cette grande série de toiles princières n'avait pas accordé place à une œuvre de caractère plus intime, la mystérieuse musicienne de la collection Greffulhe, qui tient un cahier de chant ouvert sur ses genoux et laisse derrière son fauteuil entrevoir la harpe familière. C'est aussi de 1751 qu'est datée la « Source », du musée de Limoges, où se fixe la mélancolie d'une Française inconnue. En 1752, l'artiste peint en Nuit Madame Rigoley d'Ogny, et en Flore Madame de Laporte, dont il a déjà fait une Diane.

Le Salon étant devenu bisannuel, nous ne retrouvons Nattier au Louvre qu'en 1753, avec deux jeunes princesses, la petite Madame, fille du Dauphin, et l'Infante Isabelle, et aussi le prince de Condé, peint à dix-sept ans, au moment de son mariage. On voyait, à côté de ces portraits princiers, Madame Dufour, nourrice du Dauphin, et une piquante Muse, dessinant dans un paysage, qui n'était autre que Madame Boudrey, femme du premier commis du contrôle général des Bâtiments.

Cette charmante personne se trouvait, par les fonctions de son mari, logée à Versailles. Si l'on en croit d'Argenson, elle avait eu des succès en haut lieu. Le Roi et le Dauphin avaient en même temps brigué ses faveurs ; elle avait accepté le rendez-vous du Roi et remis la lettre du Dauphin à son mari, qui eut depuis lors de la vénération pour une femme aussi vertueuse. Madame Boudrey trouva aussi le secret de fixer le marquis de Briges, l'écuyer de confiance de Louis XV, un des plus beaux hommes de la Cour, qui l'épousa plus tard, quand elle devint veuve. Elle n'est plus, dans le tableau de Nattier, qu'une Muse spirituelle, assise sous un arbre, le crayon levé, avec un dessin commencé sur ses genoux. Dans le fond, apparaît Apollon, entouré par les autres Muses, au pied d'un rocher d'où s'élance l'ardent Pégase. Cette aimable vision du Parnasse n'empêche point de se rappeler les anecdotes de Versailles.

Nattier vivait, à Paris, dans un monde honnête et bourgeois dont les mœurs différaient singulièrement de celles de ses modèles. Sa maison demeurait l'asile des vertus familiales, et l'amour de l'art y tenait la première place. Il plaisait au vieux maître que sa descendance fût vouée à la profession qu'il aimait et qu'on y continuât les traditions anciennes de la famille. Le mari de sa fille aînée portait un nom déjà célèbre ; sa seconde fille avait, il est vrai, épousé un avocat au Parlement, François-Philippe Brochier, qui remplissait les fonctions de secrétaire d'ambassade auprès du ministre plénipotentiaire du roi de France à la cour de Parme et qui devait être, plus tard, consul à Alicante et à Lisbonne. Mais la troisième allait devenir femme du peintre Michel-Ange Challe, dessinateur du Cabinet du Roi et professeur de l'Académie, où Nattier l'avait pour collègue.

Nattier avait un fils, en qui il mettait plus d'orgueil encore, puisqu'il devait continuer le nom. Il avait suivi les cours de l'Académie et promettait d'entrer avec succès dans la voie où le guidaient son père et son beau-frère Tocqué. Nous avons rencontré de lui un portrait signé : *Nattier fils pix. 1752,* qui nous a révélé les heureuses dispositions du jeune artiste. C'est une charmante tête de jeune fille, posée de trois quarts, au corsage bleu brodé, lacé de ruban rose; autour du cou fluet s'enroule un collier de soie rose et vert. L'influence de ses maîtres est visible dans cette œuvre, et principalement celle de Tocqué.

Joyeux de voir son fils suivre sa carrière et désireux de lui procurer les bienfaits d'un séjour en Italie, qu'il estimait lui avoir tant manqué à lui-même, Jean-Marc Nattier sollicita de M. de Vandières [Marigny] une des pensions de l'Académie de France à Rome. Cette pension fut refusée, l'étudiant ne justifiant pas de l'instruction nécessaire pour la mériter et n'étant pas présenté régulièrement par l'Académie; mais le directeur des Bâtiments, par égard pour les services de son père, le fit bénéficier d'une faveur rarement accordée. Il devait être logé à Rome et mis sous les ordres de Natoire. Nattier, à ce sujet, écrivait à M. de Vandières :

A Paris, le 17 septembre 1753.

Monsieur, suivant ce que vous m'avez fait l'honneur de me dire, je vous ai fait remettre un petit mémoire qui regarde mon fils pour son voyage de Rome ; j'ose si bien me flatter que vous voudrez bien m'accorder cette grâce, qu'en conséquence il se prépare pour suivre l'équipage de Madame Infante, où j'ai des amis qui lui faciliteront quelques passages.

Il m'est bien essentiel, Monsieur, que vous ayez la bonté de faire écrire à M. Natoire et qu'il soit porteur de vos ordres, sans quoi il ne serait point admis à l'Académie ; pour lors, ce serait un voyage presque inutile. J'attends tout de votre bonté et suis, avec les sentiments d'un respect sincère, Monsieur, etc.

NATTIER.

Cette lettre recevait, peu de jours après, la réponse suivante :

A Versailles, le 25 septembre 1753.

Je viens, Monsieur, de prévenir M. Natoire du départ de M. votre fils pour Rome. Je lui recommande de lui réserver dans l'Académie une chambre où il puisse loger en arrivant ; voici la lettre de recommandation que vous m'avez demandée pour lui et dont M. votre fils sera porteur. Je suis, Monsieur, etc.

VANDIÈRES.

La lettre de recommandation à Natoire assurait le meilleur accueil à celui qui devait la remettre : « Je vous demande pour lui, écrivait le directeur général, tous les soins que l'estime et l'amitié peuvent vous inspirer pour ce qui touche de si près un confrère du mérite de M. Nattier ; je vous en saurai gré en mon particulier, ravi de pouvoir témoigner en cette occasion à M. Nattier le cas que je fais de sa personne et de son talent. » Une telle protection devait assurer au jeune homme l'avantage de parfaire son éducation, et, dans la pensée de son père, les moyens de le surpasser lui-

même ; les événements, par malheur, en déci-
dèrent autrement.

Le caractère peu facile de Nattier le fils
l'eût peut-être empêché, de toute façon, de
profiter de ses dispositions naturelles et de la
précieuse faveur qui semblait faciliter les débuts de sa carrière. On trouve, dans certaines
correspondances qui parlent de lui, que son
père, pour l'élever, n'avait pas été sans faiblesse. Il avait plus de goût pour le plaisir que
pour l'étude et, malgré cela, ne manquait pas
de prétention. « Il n'aimait point à recevoir
des corrections, par un sot orgueil qui l'em-
pêchait même d'avancer dans ses études. Il
écoutait et n'en faisait qu'à sa tête, un peu
trop occupé de sa petite personne. » A peine
arrivé au palais Mancini, il manifesta le désir
d'être assimilé en toutes choses aux pensionnaires du Roi, au milieu desquels il vivait.
Natoire, avant de rien accorder, demanda l'avis
de M. de Vandières : « Je suis surpris, répon-
dait celui-ci, qu'instruit comme vous l'êtes des
usages de l'Académie, vous me parliez d'étendre
la grâce que j'ai faite au jeune Nattier en lui
accordant un logement à l'Académie, jusqu'à l'y
faire recevoir pensionnaire, sans qu'il ait con-
couru et remporté le prix àl'Académie de Paris ;

son père sait trop de quelle conséquence il
serait de s'écarter de cette règle pour me le
proposer. » Natoire, de son côté, commençait
à se plaindre des exigences du jeune homme ;
il écrivait au directeur des Bâtiments :

A Rome, ce 6 février 1754.

Monsieur, je n'ai rien de bien particulier à vous écrire,
si ce n'est seulement que j'ai reçu une lettre de M. Nattier
au sujet de son fils, qui se plaint sur le logement que je
lui ai donné à l'Académie, par vos ordres ; il me marque
qu'il vous en a parlé, Monsieur ; je lui marque, en réponse,
que je suis surpris que ce jeune homme soit si difficile,
que la chambre qu'il occupe est la même que celle qu'avait
un nommé de la Motte, architecte, pour lequel vous aviez
des bontés. Cette chambre est au même rang de celles de
Messieurs les pensionnaires et il en était fort content.
Notez que je ne pouvais pas le mettre mieux, puisque
toutes les autres sont occupées. Ce jeune homme, rempli
de l'honneur de votre protection, a cru pouvoir tout dési-
rer, même aux dépens des autres. Je lui ai conseillé d'avoir
plus d'ambition à étudier les belles antiques qui sont
répandues dans les salles de l'Académie, et dont il a grand
besoin, car il est bien faible, qu'alors son logement lui
sera plus que suffisant. Je suis d'autant plus surpris de
son impatience, que je lui dis dans le temps que, dès qu'il
y aurait un renouvellement, je tâcherais de le placer
mieux. Je lui ai fait sentir que sa protection n'aurait de
valeur qu'autant qu'il s'en rendrait digne par un travail
assidu. J'espère que le père, malgré sa tendresse naturelle
pour ce fils, me rendra justice en me croyant très disposé
à faire tout ce qui pourra contribuer à son avancement,
malgré ce petit écart de jeune homme. Votre recommandation, Monsieur, me dicte tout ce que je dois faire à son
sujet.

J'ai l'honneur d'être, etc.   Natoire.

En juin suivant, Natoire écrivait encore à Vandières au sujet du jeune Nattier et, cette fois, pour lui annoncer sa mort :

A Rome, ce 19 juin 1754.

Monsieur, je suis bien fâché de vous apprendre un tragique accident qui vient d'arriver au fils de M. Nattier. Il y a trois jours qu'ayant fait la partie de s'aller baigner dans le Tibre avec quelques pensionnaires et autres, il s'y est noyé. Comme il ne savait pas nager et n'étant pas dans un endroit favorable, le premier pas qu'il fait dans l'eau l'entraîne malgré lui ; il se débat, ses compagnons, qui n'en savaient pas plus que lui, le voient se débattre et ne peuvent lui donner du secours, tandis que les plus braves qui avaient passé la rivière et avaient crié qu'ils prissent garde à eux, rebroussent sur-le-champ pour donner du secours au malheureux ; mais ils ne purent pas arriver assez tôt, et il périt sous leurs yeux. Cette jeune troupe, toujours trop facile et trop inconsidérée, est dans une grande consternation. Je crois que cet exemple leur fait une grande impression...

Vous voulez bien, Monsieur, que je mette dans votre pli le détail de son aventure, que j'adresse à M. Massé. Je prie cet ami commun de m'aider à faire passer cette nouvelle douloureuse à son père ; en se liant avec M. Tocqué, son gendre, ils tâcheront tous deux à le préparer peu à peu ; je suis sensiblement pénétré de l'effet que cette mort va lui faire...

Le coup fut terrible pour Nattier, le plus tendre et le plus dévoué des pères. Il avait placé sur son fils unique, évidemment avec quelques illusions, de brillantes espérances d'avenir. Il mit longtemps à s'en relever, et les

soins dont l'entourèrent sa famille et ses amis
adoucirent à peine ce chagrin, qui attrista
cruellement ses derniers jours. Et comme sa
fortune allait s'amoindrissant, les amertumes
de la gêne s'ajoutaient encore à sa tristesse.
On en a pour preuve l'insistance avec laquelle
un homme aussi désintéressé que lui se mettait
à accabler de demandes le directeur des Bâtiments du Roi. Déjà, le 27 juin 1754, ignorant
la mort de son fils, il écrivait :

Monsieur, je viens d'apprendre la mort de M. Cazes,
un des anciens de l'Académie. Il jouissait d'une pension
du Roi. Si vous voulez bien vous ressouvenir de mon
état, de mon mémoire et de la façon obligeante dont vous
m'avez refusé la place de pensionnaire pour mon fils, en
m'assurant qu'en toute autre occasion vous vous feriez un
plaisir de m'être favorable. Si je suis assez heureux pour
que cela ne soit point sorti de votre mémoire au milieu de
vos grandes occupations, j'oserais me flatter que voilà le
temps où il vous serait peut-être facile de me donner
quelques preuves de vos bontés. Je ferai tout au monde
pour les mériter par l'attachement inviolable et le respect
infini avec lequel j'ai l'honneur d'être, Monsieur,
    Votre très humble et très obéissant serviteur,
                                        NATTIER.

La lettre du peintre parvint à M. de Vandières au moment où il venait lui-même de
perdre son père, M. Poisson, et il ne paraît pas
qu'il y ait fait de réponse. Ce ne fut que plusieurs années après que Nattier eut sa pen-

LA PRINCESSE DE TURENNE

Musée de Versailles

LOUISE·DE·LORRAINE·PRINCESSE·DE·TURENNE

sion, et nous avons vu, au précédent chapitre, combien il lui était difficile d'obtenir même le paiement intégral de ce qui lui était dû par les Bâtiments. De ce côté même, de nouvelles déceptions se préparaient pour lui. M. de Marigny réduisait, en 1756, le tarif des tableaux commandés par le Roi, et, bien qu'on conservât aux portraits des prix plus élevés qu'à la peinture d'histoire, on était amené à diminuer sensiblement ceux que Nattier était habitué à recevoir. Cochin, pourtant partisan des économies, faisait tenir à M. de Marigny un rapport à ce sujet, où le nom de Nattier et celui de Tocqué paraissent de telle façon qu'il est intéressant d'en reproduire quelques lignes : « Si vous avez agréable de me renvoyer approuvé l'espèce de tarif ou règlement pour l'estimation des ouvrages, que j'ai eu l'honneur de vous présenter, ce me serait une autorité, car il n'y a point de doute que je recevrai des reproches de M. Nattier et des autres peintres de portraits, et que j'ai besoin de me faire un rempart de vos ordres. Quant à ce qu'il vous a paru que ce tarif est encore trop fort, relativement aux prix que M. Tocqué reçoit des particuliers, j'aurai l'honneur de vous observer : 1º que les portraits qui se font pour la Cour entraînent des pertes de temps considérables, ce qui n'arrive pas aux portraits des particuliers ; 2° qu'il paraît convenable que l'honneur de travailler pour le Roi ait aussi quelque avantage de plus, du côté de l'intérêt, que les services qu'on rend au public ; 3° que M. Tocqué est le plus modéré des peintres de portraits de premier ordre ; d'autant plus que, malgré ses rares talents, par une fatalité singulière, il n'a jamais eu la vogue autant que M. Nattier ; qu'ainsi la règle prise sur lui pourrait être trop stricte et détruire l'empressement qu'auraient les habiles gens de rechercher les portraits de la Cour, d'où il s'ensuivrait qu'on y verrait le plus communément de ces peintres ordinaires qui inondent Paris et qui, à la faveur d'un petit talent de faire assez bien ressembler, talent qu'on ne vante le plus souvent qu'à cause du bon marché, enlèvent néanmoins les ouvrages aux plus habiles gens... »

Ce qui nous charme encore dans les tableaux de Nattier, ou du moins ce qui charme ceux de nos contemporains plus sensibles aux grâces de l'image qu'à la valeur de la peinture, commençait à lasser le goût de son temps. Son exposition de 1753 lui avait valu de nouvelles

LOUIS TOCQUÉ

Musée de Copenhague

critiques, ainsi résumées dans la correspondance de Grimm : « M. Nattier a exposé plusieurs portraits, dont celui de Madame, fille de M. le Dauphin, à l'âge d'un an, jouant avec un petit chien, et celui de Madame Dufour, nourrice de M. le Dauphin, sont les meilleurs. Ce peintre, dont le dessin est sans élégance et sans correction, a encore un coloris faux et mauvais. » On continuait, au contraire, à louer avec complaisance les mérites de Tocqué, qu'une énumération d'artistes mentionnait un peu plus loin : « M. Tocqué, dont les portraits ont si grande réputation, en a exposé plusieurs, entre autres celui de M. le comte de Kaunitz et celui de milord Albemarle ; mais rien n'est plus parfait que le portrait de Madame Danger sur un sofa, peinte jusqu'aux genoux, faisant des nœuds et ayant à côté d'elle un perroquet avec sa cage... »

C'est pour se relever dans l'opinion, pour donner la preuve qu'il était encore en possession de son talent, que Nattier tenait à exposer au Salon suivant le grand portrait de Madame Henriette jouant de la basse de viole ; et il obtenait de Mesdames qu'on le prêtât. Cette fois, la bataille était honorablement livrée ; le tableau parut d'une réelle puissance

et digne des meilleurs temps du vieux maître.
Il était accompagné du portrait en pied du
petit duc de Bourgogne, de celui de la princesse de Condé, et de quelques portraits de
particuliers ; Madame de Roissy, qui y figurait,
était femme du receveur général des Finances,
que Tocqué exposait dans le voisinage. L'auteur du *Caractère des peintres actuellement
vivants* reconnaissait, à cette exposition, les
mérites de l'artiste ; il opposait Aved et « sa
marche égale et prudente de Batave constant »
à la belle aisance de Nattier, qui savait rendre
« tout le faste et l'orgueil de la nation française, cet éclat, cette envie de briller qui la
caractérise ».

Le portrait en pied de la princesse de
Condé, exécuté en 1754 et payé 2,400 livres,
d'après les comptes de Chantilly, n'est connu
que par la copie du Musée Condé. La fille du
duc de Rohan, prince de Soubise, s'était mariée
l'année précédente au prince qui devait donner
au nom de Condé son dernier éclat militaire.
C'est encore une enfant que Nattier a représentée se promenant au milieu des parterres
de son nouveau domaine, en corsage et jupe
de drap d'argent, soulevant de la main gauche
la traîne du lourd manteau doublé d'hermine,

tandis qu'elle cueille de la main droite des
œillets fleurissant dans un grand vase de
marbre. Une fois encore, le peintre a trouvé,
en cette princesse de seize ans, un de ces modèles aux beaux yeux limpides de fraîcheur
adolescente, qu'il a eu tant de fois à peindre.

Au reste, Nattier continuait à fournir, suivant les demandes et les goûts, les divers
genres qu'il avait exploités au temps de son
heureuse fécondité. Il peignait encore, en de
grandes compositions, une Diane chasseresse,
tenant assez niaisement un arc inutile, telle
que cette femme inconnue, dite à tort princesse de Condé et acquise pour le Metro-
politan Museum de New-York, ou encore une
Vénus attelant des pigeons à son char, ainsi
que fut représentée Madame de Maison-Rouge
au Salon de 1757. Pour ses portraits en buste,
il reprenait ses anciens motifs, parfois avec
bonheur, comme celui de l'œillet dans le tableau
de la collection Edmond de Rothschild ; mais
il était rare qu'il se sentît inspiré par la beauté
féminine comme il l'avait été autrefois. Madame
de Ranché, fille du numismate Pellerin et
femme d'un intendant de la marine royale,
dont la rayonnante image est conservée à Aix-

en-Provence, est une des dernières femmes
pour lesquelles notre peintre se soit placé fran-
chement devant sa toile, avec le désir de
peindre une chair éclatante et de créer de
la vie.

La manière de peindre dont il avait été le
plus brillant représentant se trouvait à son
déclin. On affectait de considérer cet art comme
ayant fait son temps et de trouver ridicules les
ingénieuses idées dont il avait vécu. Personne
ne le proclamait avec une verve plus fine que
Charles-Nicolas Cochin, dans les mémoires
fictifs qu'il adressait au *Mercure de France,* au
nom d'une « Société de gens de lettres de l'année 2355 », et où, sans nommer personne, il
exprimait un sentiment assez vif sur les erreurs
de goût de son époque. Dans un de ces mémoires réunis en son *Recueil de quelques pièces
concernant les Arts,* il introduit un savant critique du xxive siècle, qui ne comprend rien
aux ajustements que les femmes du xviii^e
aimèrent en leurs portraits :

« On ne conçoit pas comment on peut avoir
adopté une si grande quantité de vêtements
différents. On en voit qui semblent contraires
à la décence et où les dames sont presque
nues, avec une simple chemise, qui leur laisse

la gorge, les bras et les cuisses à découvert.
C'était apparemment les vêtements qu'elles
portaient en négligé dans leur appartement,
pendant l'été. A cet habillement, qui n'en est
pas un, se joint une pièce d'étoffe de soie
bleue, violette ou d'autre couleur, qui ne sert
à rien couvrir : elle passe par derrière la personne et revient sur une cuisse. Il est difficile
d'imaginer comment cet ajustement ne tom-
bait pas à terre, n'étant attaché à rien, ou qu'il
ne fût pas embarrassant à porter, puisqu'il
paraît contenir plusieurs aunes d'étoffe. Quelques-unes de ces dames se coiffaient avec des
fleurs, d'autres avec des roseaux, avec des épis
de blé ou autres ornements à leur fantaisie,
qu'elles mêlaient de perles. Il paraît qu'elles
prenaient plaisir à s'appuyer sur des pots de
terre remplis d'eau, qu'elles renversaient apparemment pour arroser leurs jardins ; ce qui
donnerait lieu de croire qu'elles se plaisaient
beaucoup à l'agriculture, et ce qui se confirme
encore parce que, dans cet habillement, elles
sont toujours représentées an pleine campagne.
On a lieu de croire qu'un de leurs principaux
amusements était d'élever des oiseaux, même
les plus difficiles à apprivoiser, tels que des
aigles, à qui elles donnaient du vin blanc dans

des coupes d'or. On en voit qui nourrissaient des tourterelles, c'étaient apparemment des personnes mélancoliques que le roucoulement de ces oiseaux entretenait dans une douce langueur ; d'autres, plus gaies, s'amusent à danser dans leur appartement avec un tambour de basque, la tête entourée de pampres. On ne finirait point, si l'on voulait nombrer la quantité de modes qui furent en usage parmi les femmes en ce siècle... »

L'écrivain imaginé par Cochin propose diverses explications à des usages aussi incroyables ; il conclut « que ces modes n'ont été usitées que dans l'intérieur des appartements ; car, il ne lui paraît pas possible de supposer qu'on eût osé se présenter en public avec de tels ajustements qui, outre l'indécence, auraient fait passer les Français pour une nation de fous ! » Cette ironie, si mordante et si juste, tombe tout droit sur les plus fameux portraits de Nattier, sur ceux qui ont eu le plus de succès quelques années auparavant, et devant lesquels la Cour et la Ville se sont longtemps extasiées.

Le changement dans le goût public amenait pour Nattier une diminution de commandes ; cependant sa clientèle de cour lui restait fidèle.

Quelques portraits de grands seigneurs datent
de cette époque. Le meilleur est celui du comte
de Noailles, gouverneur de Versailles, plus
tard duc et maréchal de Mouchy, l'ami de
confiance de Louis XV, le grand honnête
homme qui finira sa vie par une des plus belles
morts de vieillard qu'ait vues l'échafaud révo-
lutionnaire. La toile familière qui le représente
en 1755, en simple habit, lui met aux mains le
manchon d'hiver, que portaient les hommes
dans les appartements mal chauffés des châteaux royaux. En 1756, Nattier peint le duc de
Mortemart, plus tard gouverneur de Paris, en
colonel de dragons, avec un habit rouge au
col de fourrure, tenant son casque à la main, et
le jeune chevalier du Saint-Esprit en manteau
rouge, de la collection Rodolphe Kann. En 1757,
il expose au Salon le portrait du comte de
Montmorency, à côté de deux chefs-d'œuvre
de l'image féminine, la grande Madame de
Maison-Rouge en Vénus et le portrait de la
fille de la fameuse comédienne Silvia, la jolie
Manon Baletti, que Casanova avait rêvé d'é-
pouser. C'est elle évidemment que représente
cette délicieuse « Comédie » datée de 1757,
que posséda Rachel, Thalie juvénile au sein
nu, tenant le masque et soulevant un rideau

devant la scène de la Comédie-Italienne. Cette
même année, l'aventurier vénitien revenant à
Paris trouvait Manon « devenue belle ; sa mère,
l'ayant élevée avec soin, lui avait donné les
meilleurs maîtres, et tout ce qu'une mère
pleine d'esprit, de grâces et de talents peut
donner à une fille chérie ». Cette petite merveille devint la femme de M. Blondel, architecte du Roi.

Le Salon de 1759 reçut de Nattier plusieurs
tableaux, dont peut-être ce buste assez médiocre
d'une comtesse de Dillières, qui est à Hertford
House et donne une idée des derniers ouvrages
hâtifs du peintre. Deux toiles seulement sont
désignées : le portrait de Madame Adélaïde et
une Vestale, qu'il est facile d'identifier avec celle
de la collection Gustave de Rothschild. Diderot
la décrit avec malice dans le premier de ses
Salons : « Voici une *Vestale* de Nattier, et vous
allez imaginer de la jeunesse, de l'innocence,
de la candeur, des cheveux épars, une draperie
à grands plis ramenée sur la tête et dérobant
une partie du front, un peu de pâleur, car la
pâleur sied bien à la piété ainsi qu'à la tendresse. Rien de cela ; mais à la place, une
coiffure de tête élégante, un ajustement recherché, toute l'afféterie d'une femme du monde à

sa toilette, et des yeux pleins de volupté, pour ne rien dire de plus. » Diderot est plus sévère encore pour l'unique tableau exposé par l'artiste en 1761 : « Le portrait de Madame Infante en habit de chasse est détestable ; cet homme-là n'a donc point d'ami qui lui dise la vérité ! »

Ces critiques montraient une dureté bien inutile : la carrière de Nattier était terminée. Éprouvé comme il l'avait été par la mort tragique de son fils, sentant venir le déclin de ses forces et atteint d'une dangereuse maladie, abandonné enfin par la faveur publique, dont les artistes supportent mal l'inconstance, la fin de sa vie devenait douloureuse. Il ne travaillait plus que pressé par le besoin et les commandes même se faisaient rares. Ces dernières années, qui furent si tristes, sont racontées en termes touchants par Madame Tocqué : « Il avait si malheureusement négligé les moyens de s'assurer un sort heureux pour le temps de sa vieillesse, qu'il y a tout lieu de présumer que, sans la longue maladie qui, en l'arrachant de son cabinet, l'a forcé à garder le lit pendant plus de quatre ans, il eût été obligé de travailler jusqu'au dernier moment, s'il eût voulu continer à vivre aussi honorablement qu'il avait toujours vécu. En ne perdant point de vue cette espèce d'obligation de travailler, on jugera combien elle a dû augmenter sa sensibilité, au moment où il s'est trouvé dans la dure nécessité de se survivre à lui-même ; car, bien avant que d'être hors d'état de pouvoir toucher le pinceau, il éprouva le sort de la plupart des hommes célèbres de tous les siècles, il fut malheureux ! La guerre, le fléau des arts, l'inconstance du public, le goût de la nouveauté, tout se réunit pour lui faire éprouver le plus triste abandon. A cette grande affluence, à laquelle il était accoutumé, succéda une désertion presque totale. Enfin, il ne lui resta plus de ces grandes occupations que quelques ouvrages à finir pour la Cour, commencés dans des temps plus heureux. »

La Cour, ou plutôt l'administration des Bâtiments du Roi, n'abandonne point Nattier. M. de Marigny lui fait accorder par le Roi, le 5 mars 1761, une pension de 500 livres, vacante par le décès du peintre Colin de Vermont. En même temps, il est invité à établir l'état général des portraits exécutés par lui pour le service du Roi, afin que ses derniers comptes soient réglés. Il n'a pas fourni moins de trente-huit tableaux, et on lui doit encore plus de treize mille livres. En attendant de pouvoir obtenir le parfait paiement, il sollicite une gratification, « en considération des peines et des soins qu'il s'est donnés pour porter lesdits ouvrages au plus haut point de perfection, et des faux frais qu'il a été nécessité de faire pendant l'espace de près de vingt années ». Cochin, secrétaire perpétuel de l'Académie, consulté suivant l'usage, donne un avis favorable à la requête de son vieux confrère, et Marigny fait tenir à celui-ci une gratification de 3,000 livres.

Pendant ce temps, l'hydropisie dont il était atteint l'avait obligé, au mois de juillet 1762, à prendre le lit de souffrance, qu'il ne devait plus quitter. Le 14 août, il faisait son testament, déposé chez Me Trutat, notaire, et partageait ses biens par tiers entre ses trois filles, Madame Tocqué, Madame Brochier et une autre non mariée, Madeleine-Sophie Nattier, qui était sur le point d'épouser le peintre Challe. L'assurance que sa troisième fille avait, elle aussi, trouvé un bon mari adoucit pour le vieillard les inquiétudes que lui causait l'insuffisance de sa fortune.

Une fois encore le nom de Nattier figura aux expositions du Louvre. Si ses enfants voulurent lui procurer une dernière satisfaction,

ils s'y prirent bien maladroitement. Deux
petites toiles tirées de son atelier, *Un Chinois tenant une flèche* et *Une Indienne*, ne
pouvaient rien ajouter à sa gloire. « Si vous
n'avez voulu, écrit Diderot, que m'apprendre
comme on était vêtu à la Chine et dans l'Inde,
soyez content, vous l'avez fait. » Le grand
tableau de 1730, qui le représentait avec sa
femme au clavecin et ses quatre premiers
enfants, avait été terminé tant bien que mal
pour être exposé. Le public s'y trompa et y vit
une nouveauté qu'il jugea sévèrement : « Cet
homme a été autrefois très bon portraitiste,
mais il n'est plus rien. Le portrait de sa famille
est flou, c'est-à-dire faible et léché. Monsieur
Nattier, vous ne connaissez pas les têtes de vos
enfants ; certainement, elles ne sont pas comme
cela. » Cette appréciation montre que Diderot
n'était guère au courant de l'âge et de la
situation du malheureux artiste.

Il mourut à quatre-vingt-un ans, le 7 septembre 1766, entouré de tous les siens. Ses
trois gendres, Tocqué, Brochier et Challe, assistèrent à l'enterrement, célébré le lendemain,
à l'église Saint-Eustache. L'hiver suivant, dans
une assemblée du mois de février 1767, l'Académie royale fut conviée à entendre « la lecture

NATTIER ET SA FAMILLE

Musée de Versailles

de la vie de feu M. Nattier par Madame Tocqué, sa fille ». Ce fut Cochin qui fit cette lecture, et Messieurs les Académiciens écoutèrent avec émotion l'éloge d'un confrère qui ne laissait que des souvenirs de bonté.

Ces pages filiales s'achevaient en ces termes : « C'était de cette source inaltérable de bonté, qui était en lui, que provenaient son tendre attachement pour ses amis et pour ses enfants, sa candeur, la pureté et la simplicité de ses mœurs, son exacte probité, son ardeur et son désintéressement pour servir ses amis, sa douceur et l'égalité de son humeur dans son domestique ; toutes vertus si naturelles et si éminentes en lui, qu'il fut qualifié par ses proches et ceux de ses amis qui ont vécu le plus familièrement avec lui, des titres de parfait honnête homme, de bon père et de bon ami : titres peu brillants et trop vulgairement accordés, mais qui, mérités dans toute l'étendue de leur signification, n'en contiennent pas moins l'éloge le plus grand que l'on puisse faire de l'humanité. Cet excellent homme possédait encore une qualité bien estimable, surtout parmi les gens de talent : c'était la grande impartialité avec laquelle il a toujours rendu justice au mérite de ses confrères, ainsi que son ardeur et son zèle pour l'avance-

ment des jeunes artistes. Jamais il n'a terni
ses vertus par une basse jalousie contre laquelle
les artistes du même genre ne sauraient être
trop en garde. L'association qu'il s'est faite de
M. Tocqué pour gendre, qui déjà jouissait d'une
réputation distinguée, en est la preuve ; car,
bien loin de porter envie aux succès des
peintres célèbres qui suivaient la même route
que lui, non content d'une froide admiration
pour leurs ouvrages, son cœur s'échauffait en
leur faveur et lui faisait prendre pour eux la
plus sincère affection. »

Quelques années plus tard, en 1771, Cochin
lisait, devant la même assemblée, l'éloge de
Massé le miniaturiste, qui avait été, dans sa
jeunesse, l'ami et le collaborateur de Nattier.
Le grand dessinateur analysait avec pénétration
les mérites et les défauts de cette génération
d'artistes, dont les principes étaient fort différents des siens. Il n'usait plus du ton satirique
et badin de son morceau fameux sur les portraits allégoriques ; c'était la critique la plus
bienveillante, enveloppée de toutes les formes
académiques, mais une critique cependant, et
dont les détails s'appliquent si exactement à
Nattier, qu'on pourrait substituer son nom à
celui de Massé pour avoir le sentiment tout à

fait sincère des contemporains sur ses propres
œuvres. Voici assurément comment Cochin,
ayant à juger Nattier, se fût exprimé devant
leurs confrères :

« Il saisissait bien la ressemblance, seulement par les formes principales et par ce qui
caractérise en général l'air de la personne. Il
supprimait les détails et paraissait, en quelque
sorte, avoir de la peinture du portrait l'idée
que nous avons de la peinture d'histoire ; il
cherchait à rectifier la nature et à l'embellir.....
Il substituait à cette précision d'autres beautés
non moins estimables, en joignant à des formes
simplifiées et ennoblies les grâces d'un dessin
coulant qui, joint avec sa couleur, rendent ses
tableaux extrêmement séduisants. Pour ne rien
dissimuler, j'ajoute qu'il était un peu maniéré
dans le caractère de son dessin. Toutes ses
toiles, quoique d'après différentes natures, se
ressemblaient à plusieurs égards. C'était l'inévitable effet de ce goût d'embellissement dont
il s'était imposé la loi et qu'il portait peut-être
trop loin. Cela pouvait aussi provenir de ce
que, pour ne pas fatiguer les personnes qu'il
peignait, il prenait peu de séances et faisait
souvent ses portraits presque en entier sans
autre modèle qu'un dessin fait d'après nature

avec assez de vitesse. Mais comme sa manière
était remplie de grâces, les dames, qu'il faisait
toujours belles, étaient sans doute bien éloignées de lui reprocher des défauts d'inexac-
titude ; et les hommes, sans paraître aussi
susceptibles de cette faiblesse, lui savaient,
pour leur compte, très bon gré de l'heureuse
habitude où il était de tout embellir. Les ajustements de ses portraits étaient peints avec
plus de facilité que de vérité, parce que la
plupart étaient faits de génie. C'était la mode
de son temps, car il est des modes même dans
les arts. Tous les ajustements alors étaient
fictifs et de pur caprice, comme on peut le voir
dans les tableaux des plus habiles peintres, ses
contemporains... Pour les hommes, c'était
presque toujours une draperie de velours jetée
sur une veste ; les femmes étaient ornées d'une
robe ceinte comme les habits de théâtre, et de
quelques draperies d'étoffes légères agencées
artistement par-dessus. Or, en supposant qu'il
en résultât quelque effet pittoresque, on y
perdait la vérité de l'imitation et le costume
des habillements. »

L'histoire d'un artiste, comme celle d'un
écrivain, ne s'achève point par la mort ; ses

œuvres la continuent plus ou moins longtemps. Le discrédit dans lequel étaient déjà tombées celles de Nattier, aux dernières années de sa carrière, parut les vouer, plus promptement que d'autres, à l'oubli définitif. Ses plus beaux portraits restèrent de simples souvenirs de famille, dont les jeunes gens raillaient les ajustements ridicules. Ils furent enveloppés, en outre, par la défaveur générale qui atteignit bientôt toute la peinture du même temps. L'époque qui méprisa Watteau, Fragonard et Boucher ne pouvait cependant épargner Nattier. On ne parla plus de lui, même pour flétrir son mauvais goût. Ses portraits d'hommes représentaient des Français légers et fins, contemporains de Voltaire et fort différents de ceux que formaient l'école de Rousseau et la Révolution française. Les images de ces gens d'esprit n'intéressaient point les générations nouvelles, éprises de vertu civique et d'héroïsme militaire. Pour les portraits de femmes, l'idéal de la beauté féminine ayant changé, la grâce même des modèles ne recommandait plus une peinture dont les défauts avaient cessé de séduire.

Les toiles de Nattier, dispersées en grand nombre par les ventes de biens d'émigrés, jetées à vil prix chez les marchands, ne trou-

vaient point acheteur. Beaucoup furent alors
mutilées ou détruites, livrées aux rats dans les
greniers des châteaux. Celles qui avaient appartenu au Roi, chassées de leur bordure ou arra-
chées aux boiseries des palais, allèrent s'empiler
dans les magasins de Versailles et du Louvre.
Quelques-unes en sortirent peu à peu lors de
l'installation des musées nouveaux ; toutefois,
aucune valeur ne leur demeurant attachée, ce
fut uniquement l'intérêt d'iconographie historique qui les sauva des suprêmes dédains. Les
galeries du Louvre leur restèrent fermées ;
celles de Versailles, créées par le roi Louis-
Philippe, les accueillirent, la plupart sous des
noms d'emprunt, mais ce fut pour les placer
sans choix et sans respect, dans ces attiques
du Château, où l'été et l'hiver leur étaient
également nuisibles, où nul encadrement ne
les désignait à l'attention, où la curiosité des
rares visiteurs les distinguait mal des peintures
sans mérite qui les accablaient de leur voisinage. Nos princesses de France, reçues par
pitié dans leur maison, n'y occupaient que des
chambres de gens de service. Et peut-être ne
convient-il pas d'en adresser le reproche aux
organisateurs des musées, car le goût de tous
les amateurs du temps était semblable.

Une vente célèbre dans l'histoire de la curiosité , celle de la galerie du comte de Cypierre, dispersée en 1845, et dont le catalogue fut rédigé par Théophile Thoré, ne contenait pas moins de neuf tableaux authentiques de Nattier, quelques-uns d'une évidente importance. Les prix qu'ils atteignirent devant le public méritent d'être rapportés ici ; ils fournissent des rapprochements faciles avec ceux qu'a vus la fin du siècle dernier et qui augmentent encore dans le nôtre. On vendit le numéro 91 : *Jeune Femme tenant des fleurs de ses deux mains,* 295 francs ; 92 : *Jeune Femme assise et vue de face,* en buste, 270 francs ; 93 : *Portrait de Madame Victoire, fille de Louis XV,* 235 francs ; 94 : *Jeune Femme à robe blanche décolletée,* 261 francs ; 95 : *Portrait du marquis d'Argenson,* 218 francs ; 96 : *Portrait de la marquise d'Argenson en Diane,* 250 francs ; 97 : *Portrait du duc de Penthièvre adolescent,* 231 francs ; 98 : *Portrait de la marquise du Châtelet,* 120 francs ; 99 : *Vénus coupant les ailes de l'Amour,* 151 francs.

Ce qui donne à ce document sa signification complète , c'est que les organisateurs de la vente Cypierre se montrèrent très satisfaits de ses résultats , où plusieurs maîtres du

xviiie siècle commencèrent à prendre une valeur
de commerce. On écrivit dans le *Bulletin de
l'Alliance des Arts :* « Cette vente vient d'obtenir un succès qui surpasse tout ce qu'on pouvait
en attendre... Les tableaux de l'École française
ont été vendus à des prix que les tableaux
flamands et hollandais atteignent seuls dans
les meilleures ventes publiques. C'est en quelque sorte *une réhabilitation de notre École trop
dédaignée.* » Nattier participait à cette réhabilitation, qu'il est permis de trouver modeste. La
réparation, qui lui était due, n'était assurément
pas complète ; nous nous demandons aujour-
d'hui, si ce n'est pas avec trop d'éclat qu'elle
lui a été accordée.

Ce livre, dont la « grande édition » a été
publiée en 1904, est le premier travail d'ensemble
qu'on ait consacré à Nattier et à son œuvre. L'auteur se croit donc autorisé à demander l'indul-
gence du public pour les lacunes et les imperfections de son travail, qu'il a pu améliorer en
quelques points, mais dont le seul mérite aura été
de débrouiller pour la première fois les principales
difficultés du sujet. La biographie du peintre a
été esquissée de son temps par Palissot *(Éloge de
M. Nattier, peintre ordinaire du Roi et professeur
de son Académie*, dans le *Nécrologe des hommes
illustres*, 1768), et par Madame Tocqué *(Abrégé
de la vie de M. Nattier, par sa fille Mademoiselle
Nattier l'aînée, épouse de M. Tocqué*, au t. II des
*Mémoires inédits sur la vie et les ouvrages des
membres de l'Académie royale)*; Charles Blanc
et Paul Mantz y ont ajouté ; nous l'avons com-
plétée abondamment grâce aux sources com-
munes à tous les travaux d'histoire sur le
xviiie siècle et aux publications, citées dans le
texte, de la critique d'art de l'époque. Nous

devons rappeler surtout l'ouvrage qui fournit le plus d'indications nouvelles, l'*Inventaire des tableaux commandés et achetés par la Direction des Bâtiments du Roi (1709-1772)*, par M. Fernand Engerand. Une partie seulement des documents d'archives que donne ce précieux travail avait été utilisée dans notre premier essai critique sur l'artiste *(Nattier, peintre de Mesdames*, dans la *Gazette des Beaux-Arts* de 1895), qu'il peut être encore intéressant de consulter sur quelques points, ainsi que d'autres études sur *Les Portraits de Madame de Pompadour par Nattier (Gazette* de 1904) et sur le portrait de Marie Leczinska *(Revue de l'Art* de 1909).

En présentant l'essai de Catalogue qui suit, on a plutôt l'ambition d'être utile que le désir d'être complet. On s'est placé pour le rédiger au point de vue de l'iconographie, ce qui en a exclu des portraits anonymes assez connus. L'œuvre de Nattier est si considérable et si dispersé, qu'il n'a pas semblé possible de constituer encore la liste générale de ses peintures. La plupart des éléments d'une telle liste se rencontrent cependant dans le texte de l'ouvrage, où le récit, construit suivant un plan chronologique, ne rend pas les recherches très difficiles. Les œuvres gravées comportent, du reste, sauf un petit nombre d'exceptions, les plus importantes du maître et notamment celles que les récentes

études ont mises en valeur. Ce travail ne mentionne pas toutes les gravures d'un même tableau,
mais de préférence la plus fidèle ou celle que
nos lecteurs ont le plus aisément sous la main.
Les catalogues de vente, où les désignations de
portraits sont si souvent douteuses, ont été
laissés de côté. Quelques pièces du xviiie siècle
ont été décrites avec détail ; d'autres n'ont paru
mériter qu'une simple mention.

Un certain nombre d'œuvres notables de Nattier, qui n'ont été gravées ni de son temps, ni de
nos jours, sont mentionnées dans la nomencla-
ture de celles qu'il a exposées aux Salons du
Louvre. Nous avons dressé cette seconde liste
d'après le texte des livrets, réimprimés par
M. Jules Guiffrey, en y joignant, toutes les fois
que nous avons pu identifier les ouvrages, l'indication de la collection où ils sont actuellement
conservés. Cette liste ne donne que des tableaux
originaux ; la première comprend, comme il est
aisé de s'en apercevoir, des originaux et des
copies. On espère que ces deux séries de ren-
seignements, réunies et consultées ensemble,
rendront aux curieux quelques services.

ESSAI DE CATALOGUE

DE L'ŒUVRE GRAVÉ

DE JEAN-MARC NATTIER

ADÉLAIDE (Madame), Marie-Adélaide de France 1742

Portrait en Diane, désigné à tort comme celui de Madame Victoire ; gravé dans *Louis XV et Marie Leczinska,* de P. de Nolhac, et dans la grande édition de *Nattier, peintre de la Cour de Louis XV.*

Peinture au musée de Versailles. Autre peinture chez M. le baron Alphonse de Rothschild. Répétition signée au palais Pitti (Appartements royaux).

ADÉLAIDE (Madame) 1750

Portrait en Élément, gravé par Beauvarlet. La lettre de l'estampe porte les indications suivantes :

MADAME ADÉLAIDE DE FRANCE. — L'AIR
Sur moy tous les yeux sont ouverts,
Tout ce qui respire m'encense ;
J'aime à verser dans l'Univers
Une salutaire influence.
Par Mr Roy, chevalier de St-Michel.

Gravé d'après un des quatre tableaux du Cabinet de Mgr le Dauphin, à Versailles.

J.-M. Nattier, pinxit en 1756 *(sic)*. Jean Beauvarlet, sculpsit.
A Paris, chez Joullain.

Il existe une imitation en manière noire de cette estampe, signée : *J.-S. Negges, sc. et exc.*

ADÉLAIDE (Madame)   1756

Portrait de la princesse faisant des nœuds ; gravé au burin par Payrau, dans la *Gazette des Beaux-Arts* de 1904 ; gravé dans *La Dauphine Marie-Antoinette,* de P. de Nolhac, et dans notre grande édition.

Peinture signée au musée de Versailles.

ADÉLAIDE (Madame)   1758

Portrait en musicienne ; gravé dans *Louis XV et Madame de Pompadour,* de P. de Nolhac, et dans notre grande édition.

Peintures aux musées du Louvre et de Versailles.

ANTIN (Marquise d'), plus tard comtesse de FOR-CALQUIER (BRANCAS), née Françoise-Renée de Canisy   1738

Portrait désigné à tort comme celui de la duchesse de Lauraguais ; gravé dans notre grande édition.

Peinture signée chez Madame Édouard André.

ARGENSON (Le comte d')   1750

Portrait gravé deux fois au XVIIIe siècle, en buste seulement :

1° Dans un ovale. Inscription : « Le Comte d'Argenson. »

Nattier pinx.   Le Vasseur sculps.

2° Le buste est vu dans une fenêtre ; sur le mur, on lit : Marc Pet. de Voyer de Paulmy com^e d'Argenson. Nat. 16° aug. 1696. Obiit 20 aug. 1764.

Themidis alumnus, Musarum amicus, Militiæ patronus, Regi optimo operam diu sacravit, amorem semper.

Nattier pinx.   Ant. Demarcenay scul.

Peinture au musée de Versailles.

MADAME BONIER DE LA MOSSON

A M. Knoedler & Co.

ARGENSON (LE COMTE D')   1750

Portrait à mi-corps assis sous une tente, tenant le plan de la bataille de Fontenoy. Gravé avec le nom de Maurice de Saxe, sans mention de Nattier, dans le catalogue de la vente Warneck, Paris, 1905.

Peinture chez M. le marquis d'Argenson.

BAGLION (MARQUISE DE), née FRANÇOISE-SCHOLASTIQUE DU ROURE   1746

Portrait en couleurs dans notre grande édition.

Peinture signée chez M. le marquis de Chaponay.

BEAUVAU (PRINCESSE DE), née SOPHIE-CHARLOTTE DE LA TOUR-D'AUVERGNE   1746

Portrait gravé dans notre grande édition.

Pastels signés chez M. le vicomte Eugène-Melchior de Vogüé et chez Madame la duchesse de Mouchy. Copie au musée de Blois. Peinture chez M. Standish.

BONIER DE LA MOSSON   1746

Portrait désigné à tort comme celui de Buffon; gravé dans notre grande édition.

Peinture signée chez M. Cahen d'Anvers.

BONIER DE LA MOSSON (MADAME)   1742

Portrait en Diane gravé dans la présente édition.

Peinture signée chez M. Knoedler.

BOUDREY (MADAME)   1753

Portrait gravé dans notre grande édition.

Peinture signée chez M. Joseph Bardac. Autre chez Madame Henri Germain.

BOURGOGNE (Louis-Joseph-Xavier de France, duc de), petit-fils de Louis XV — 1754

Portrait gravé dans *Louis XV et Madame de Pompadour,* et dans notre grande édition.

Peinture signée au musée de Versailles. Répétition au musée de Parme.

BROCHIER (François-Philippe) — 1753

Portrait gravé dans notre grande édition.

Peinture signée chez M. Étienne Famin.

BROCHIER (Madame), née Charlotte-Claudine Nattier — 1758

Portrait gravé dans notre grande édition.

Peinture signée chez M. le comte de La Riboisière.

CATHERINE ALEXIEWNA, impératrice de russie — 1717

Portrait en buste, avec une main, gravé dans un encadrement ovale. Il porte la lettre suivante :

« CATHERINE ALEXIEWNA, CZARINE DE MOSCOVIE »
J.-M. Nattier pinxit. P. Dupin sculpsit. A Paris, chez Odieuvre.

CHAROLAIS (Mademoiselle de), Louise - Anne de Bourbon

Ce portrait, où la femme joue de la guitare, un Amour tenant à gauche un cahier de musique, nous laisse quelques doutes sur sa désignation. Il est gravé dans l'ouvrage de M. Paul Fould, *Anecdotes curieuses de la Cour de France par F.-V. Toussaint,* Paris, 1905.

Peintures chez le duc de Sutherland, à Trentham, et chez M. Pierpont Morgan.

CHATEAUROUX (Marquise de la Tournelle, plus tard duchesse de), née Marie-Anne de Mailly 1740

Portrait en Point du jour, gravé dans la *Revue de l'Art ancien et moderne* de 1897 (article de M. F. Engerand).

Peinture au musée de Marseille.

CHATEAUROUX (Marquise de la Tournelle, plus tard duchesse de) 1740

Portrait en Point du jour, vu jusqu'aux genoux seulement, gravé dans l'ouvrage de Lady Dilke, *French Painters of the Eighteenth Century*, Londres, 1899 ; dans *Louis XV et Marie Leczinska,* et dans notre grande édition. Le buste de ce portrait a été gravé dans un ovale par Masquelier.

Peintures chez S. A. R. le prince royal de Suède et Norwège, chez M. Lionel Phillips, chez M. le marquis de Quinemont, etc.

CHATEAUROUX (Duchesse de) 1743 (?)

Portrait en Été, gravé dans l'ouvrage de M. Paul Fould, *Anecdotes curieuses de la Cour de France par F.-V. Toussaint,* Paris, 1905.

Peinture chez M. le comte Henri de Montesquiou.

CHATEAUROUX (Duchesse de) 1745

Composition gravée sans le nom du modèle, avec la lettre suivante :

« LA FORCE »
J.-M. Nattier pinxit. Baléchou sculp. A Paris, chez L. Surugue.

C'est une figure assise, revêtue d'une cuirasse et d'une peau de tigre, tenant une épée et une torche ; à gauche est une colonne ; à droite, un lion.

Peinture signée chez Madame la marquise de Trévise.

CHATEAUROUX (Duchesse de)   1745

Portrait en buste, dans un ovale, gravé avec le nom de Madame de Châteauroux. La planche porte les indications : Peint par J.-M. Nattier ; gravé par Pruneau.

On y reconnaît la disposition de « La Force », gravée en sens différent de l'estampe de Baléchou.

CHATEL (Marquise du), née Gouffier, et sa fille, plus tard marquise de Gontaut   1733

Portrait gravé dans le présent ouvrage.

Peinture signée chez M. Michel Ephrussi.

CHATELET (Marquise du), née Émilie de Breteuil

Portrait en buste, dans un ovale, gravé par Fessard. Sous le portrait sont quatre vers [de Voltaire (?)] :

C'est ainsi que la Vérité,
Pour mieux établir sa puissance,
A pris les traits de la Beauté
Et les grâces de l'Éloquence.

Madame du Châtelet porte un col de fourrure et un vêtement bordé de fourrure. A gauche est une sphère ; à droite, une bibliothèque à demi cachée par un rideau. Cet arrangement a été imité par Marianne Loir dans le portrait qui est au musée de Bordeaux. Une gravure de Haid en manière noire, faite à Vienne, s'inspire du même portrait et porte l'indication : *Nattier pinxit Parisiis.* Gaujean a gravé le tableau vendu en 1882, à la vente A. Febvre.

CHAULNES (Duchesse de), née Anne-Josèphe Bonier de la Mosson   1745

Gravé en couleurs dans notre grande édition.

Peinture signée chez M. Carlos de Beistegui.

CHAULNES (Duc de) 1747

Portrait en Hercule, reproduit dans *Les Arts* de 1906.

Peinture signée chez M. le baron de Schlichting.

CLERMONT (Mademoiselle de), Marie - Anne de Bourbon 1729

Portrait en déesse des Eaux de la Santé, gravé dans l'ouvrage d'Anatole Gruyer, *La Peinture au château de Chantilly,* Paris, 1898, dans *Louis XV et Marie Leczinska,* et dans notre grande édition.

Peinture signée au musée Condé.

CLERMONT (Mademoiselle de) 1730

Portrait en sultane, gravé dans notre grande édition.

Peinture à Hertford House.

CROŸ (Princesse de), née Angélique-Adélaïde d'Harcourt

Portrait avec un chien sur les genoux, gravé au t. I du *Journal inédit du duc de Croÿ,* publié par le vicomte de Grouchy et Paul Cottin, Paris, 1906.

Peinture au château de Dülmen.

DUBOIS (Madame François), née Nicole Clère

Portrait en buste dans un ovale. La légende indique que cette dame est « âgée de 25 à 26 ans ».

Peint par Nattier. A. Charpentier lith.

DUPIN (Madame), née Marie-Louise-Madeleine de
Fontaine

Portrait en buste gravé dans *Le Portefeuille de
Madame Dupin, dame de Chenonceaux,* publié par le
comte G. de Villeneuve-Guibert, Paris, 1884.

*Peintures chez M. le comte de Villeneuve et chez
M. le marquis des Méloizes.*

ENVILLE (Duchesse d'), née Élisabeth de La Rochefoucauld   1740

Portrait en naïade, les deux mains croisées sur
l'urne jaillissante. Gravé par Mélini, avec cette
légende : « La Belle Source. »

Peinture signée chez M. le duc de La Roche-Guyon.

ESTISSAC (Duchesse d'), née Marie de La Rochefoucauld   1742

Portrait en chasseresse, tenant une flèche dans
les mains ; l'arc et le carquois sont suspendus à un
arbre. — Gravé par B.-L. Henriquez, 1764, avec
cette légende : « La Chasseuse de cœurs. » —
Reproduit dans la présente édition.

*Peinture signée chez M. le comte Aimery de La
Rochefoucauld.*

FERTÉ-IMBAULT (Marquise de la), née Marie-Thérèse
Geoffrin   1740

Portrait gravé dans notre grande édition.

Peinture signée chez M. le marquis d'Estampes.

FLAVACOURT (Marquise de), née Hortense-Félicité
de Mailly-Nesle   1740

Portrait en Silence, vu jusqu'aux genoux seulement, gravé dans *Louis XV et Marie Leczinska,* de
P. de Nolhac, et dans notre grande édition. Le buste
de ce portrait a été gravé en ovale par Masquelier.

*Peinture chez S. A. R. le prince royal de Suède et
Norwège. Autre chez M. Lionel Phillips.*

FLAVACOURT (Marquise de)   1743 (?)

Portrait en Automne, gravé dans l'ouvrage de
M. Paul Fould, *Anecdotes curieuses de la Cour de
France par F.-V. Toussaint,* Paris, 1905.

Peinture chez M. le comte Henri de Montesquiou.

GEOFFRIN (Madame), née Marie-Thérèse Rodet   1738

Portrait gravé dans le livre du marquis de Ségur,
Le Royaume de la rue Saint-Honoré, Paris, 1897, et
dans notre grande édition. — Une copie du buste de ce
portrait, entrée au musée de Périgueux avec les portraits de Mademoiselle Aïssé et du chevalier d'Aydie,
passe pour représenter leur fille, Madame de Nanthiat.
Le tableau est reproduit et les doutes soulevés par cette
similitude sont exposés par M. Henri Courteault, dans
un livre publié par la Société des Bibliophiles
français, *Mademoiselle Aïssé,* Paris, 1908.

Peinture chez M. le marquis d'Estampes.

GRESSET (Jean-Baptiste-Louis)   1737 (?)

Portrait gravé dans un ovale : *J.-M. Nattier pinxit;
A. Saint-Aubin sculpsit.* Autres gravures d'Ambroise
Tardieu, C. Hulot, etc.

Peinture au musée d'Amiens.

HENRIETTE (Madame), Anne-Henriette de France 1742

Étude gravée dans notre grande édition.

Peinture au musée de Bordeaux.

HENRIETTE (Madame)   1742

Portrait en Flore, désigné à tort comme celui de Louise-Henriette de Bourbon-Conti, duchesse d'Orléans, gravé dans *Louis XV et Marie Leczinska,* et dans notre grande édition.

Peinture signée au musée de Versailles. Autre peinture chez M. le baron Édouard de Rothschild. Répétition signée (et datée de 1745), au palais Pitti (Appartements royaux).

HENRIETTE (Madame)   1750

Portrait en Élément, gravé par Tardieu. La lettre de l'estampe porte les indications suivantes :

MADAME MARIE-HENRIETE DE FRANCE. — LE FEU

Peint par J.-M. Nattier en 1750. Gravé par J. Tardieu, grav. du Roy et de S. A. S. Élect^{le} de Cologne. A Paris, chez Joullain.

> Ma sphère est au plus haut des cieux,
> La Terre me reçut comme un don précieux ;
> L'attrait d'une force divine
> Me rappelle mon origine.

Mr Roy, chevalier de St-Michel.

Gravé d'après un des quatre tableaux du cabinet de Mgr le Dauphin, à Versailles.

Il existe une imitation en manière noire, signée *J.-S. Negges, sc. et exc.*

HENRIETTE (Madame) 1750 (?)

Portrait en vestale, ne portant point de nom de princesse au catalogue du Louvre, gravé dans l'ouvrage : *Musée du Louvre. Les Maîtres de la peinture*, Paris, 1900. Un dessin, chez M. le comte Primoli, semble indiquer que la toile originale a été réduite.

Peinture au musée du Louvre.

HENRIETTE (Madame) 1754

Portrait de la princesse jouant de la basse de viole, gravé dans *Louis XV et Madame de Pompadour*.

Peinture signée au musée de Versailles. Répétition signée (et datée de 1756), autrefois chez M. le prince Sciarra.

HÉRON DE VILLEFOSSE, née Le Texier, et sa fille, plus tard Madame Chaumont de La Millière 1736

Portrait gravé dans notre grande édition.

Peinture signée chez M. Michel Ephrussi.

INFANTE (Madame), Louise-Élisabeth de France, duchesse de Parme 1750

Portrait en Élément, gravé par Baléchou. La lettre de l'estampe porte les indications suivantes :

MADAME LOUISE-ÉLISABETH DE FRANCE, DUCHESSE DE PARME. — LA TERRE

J.-M. Nattier pinxit. Baléchou sculp. A Paris, chez Joulin *(sic)*

C'est du soleil que je reçoy
Une vertu toujours active :
Il n'est point de saison où je demeure oisive :
Le bonheur des humains est ma suprème loy.
Par Mʳ Roy, chevalier de Sᵗ-Michel.

Gravé d'après un des quatre tableaux du Cabinet de Mgr le Dauphin, à Versailles.

Il existe une imitation en manière noire, signée : *J.-S. Negges sc. et exc.*

INFANTE (Madame)   1760

Portrait en habit de chasse, gravé dans *Louis XV et Marie Leczinska,* de P. de Nolhac, et dans notre grande édition.

Peinture au musée de Versailles.

INFANTE (Madame)   1761

Portrait en pied, en habit de cour, désigné à tort comme celui de Madame Victoire, gravé dans notre grande édition.

Peinture signée au musée de Versailles.

INFANTE (Madame)

Portrait en buste, en habit de cour, désigné à tort comme celui de la duchesse du Maine, gravé dans le livre de M. Casimir Stryienski, *Le Gendre de Louis XV,* Paris, 1904.

Peinture au musée de Versailles.

ISABELITA (L'Infante), Isabelle-Marie-Louise-Antoinette de Bourbon, petite-fille de Louis XV   1751

Portrait gravé dans *Louis XV et Madame de Pompadour,* de P. de Nolhac, et dans notre grande édition.

Peinture signée au musée de Versailles.

LAMBESC (Mademoiselle de) et son frère, le comte de Brionne   1732

Portraits gravés dans notre grande édition.

Peinture signée au musée du Louvre.

LAPORTE (Madame de), née Caumartin   1740
>   Portrait en Diane gravé à l'eau-forte par A.
Lamotte.
>   *Peinture signée chez M. Gaston Menier.*

LAPORTE (Madame de)   1752
>   Portrait en Flore, gravé dans notre grande édition.
>   *Peinture signée chez M. Sedelmeyer.*

LAURAGUAIS (Duchesse de) (?), Diane-Adélaïde de
Mailly-Nesle   1743 (?)
>   Portrait en Printemps, gravé dans l'ouvrage de
M. Paul Fould, *Anecdotes curieuses de la Cour de
France par F.-V. Toussaint,* Paris, 1905.
>   *Peinture chez M. le comte Henri de Montesquiou.*

LEERSE (Madame)   1749
>   Portrait gravé dans la présente édition.
>   *Peinture signée à l'Institut Staedel, Francfort.*

LIGNERIS (Marquise des), née Marie-Anne de Forbach   1735
>   Portrait gravé dans notre grande édition.
>   *Peinture signée chez M. d'Aillières.*

LOUIS XV   1744 (?)
>   Portrait en buste, gravé dans notre grande édition.
>   *Peinture au musée de l'Ermitage. Autre chez
M. Jules Beer. Copie ancienne chez M. de Buttet.*

LOUISE (Madame), Louise-Marie de France   1748
>   Ce portrait a été gravé au burin et à l'eau-forte
par Armand Mathey; il est gravé dans *Louis XV et
Marie Leczinska* et dans notre grande édition.
>   *Peinture signée au musée de Versailles.*

MAILLY (Comtesse de), Louise-Julie de Mailly-Nesle
Portrait d'une pénitente dans le désert, connu sous le nom de « Sainte-Madeleine », gravé dans la *Revue de l'Art ancien et moderne* de 1897 (article de M. F. Engerand), et dans *Louis XV et Marie Leczinska*.
Peinture signée au musée du Louvre.

MAILLY (Comtesse de)
Portrait en buste, gravé dans un ovale ; les cheveux sont couverts d'un voile ; le vêtement est bordé de fourrure. Gravure anonyme de la fin du xviiie siècle.

MARIE LECZINSKA, reine de France   1748
La principale gravure de ce portrait est celle de Tardieu, dont la lettre est ainsi conçue :

MARIE, PRINCESSE DE POLOGNE, REINE DE FRANCE ET DE NAVARRE
présenté a la reine par son très humble et très obéissant serviteur nattier en 1755

J.-M. Nattier pinxit. J. Tardieu sculpsit. A Paris, chez Tardieu et chez Joullain.

Le buste a été gravé par Gaucher, en 1765, dans un médaillon qui sert de tête de page à *l'Abrégé chronologique* du président Hénault, avec l'indication erronée : « Peint par Nattier en 1755. » Il est reproduit en des arrangements divers par Duponchelle, Le Beau, etc.

Portrait gravé dans notre grande édition et dans l'ouvrage de M. Louis Gonse, *Les Musées de province,* Paris, 1900, d'après deux exemplaires différents. Le portrait original a été publié dans la *Revue de l'art ancien et moderne* de 1909.

Peinture signée au musée de Versailles. Réplique chez M. le duc de Fezensac. Peintures chez M. Gabriel du Tillet, chez Madame la comtesse de Pourtalès, au musée de Dijon, à Hertford House, etc.

MARIE LECZINSKA

Portrait offrant des différences avec le précédent et agrandi sur tous les côtés, gravé dans *Louis XV et Marie Leczinska,* de P. de Nolhac.

Peinture au musée de Versailles.

MARIE - ZÉPHIRINE DE FRANCE, « LA PETITE MADAME », PETITE-FILLE DE LOUIS XV   **1751**

Portrait gravé dans notre grande édition.

Peinture signée au palais Pitti, Florence.

MARSOLLIER (MADAME), dite « COMTESSE DE SAINT-PIERRE », ET SA FILLE   **1750**

Le dessin de Weimar, gravé dans notre grande édition, porte l'inscription suivante : *J.-M. Nattier pinx. et delineavit 1755.* » Cette date est celle du dessin.

Une copie de la peinture a figuré dans la collection Reginald Vaile et a été exposée au Guildhall, en 1902, sous le faux nom de « LA COMTESSE DE NEUBOURG ET SA FILLE. »

Peinture signée chez M. Jules Porgès.

NATTIER (JEAN-MARC), SA FEMME, née MARIE-MADELEINE DE LA ROCHE, ET QUATRE ENFANTS   **1730**

Tableau gravé dans la *Revue de l'Art ancien et moderne* de 1903, et dans notre grande édition.

Peinture signée au musée de Versailles.

NESLE (MARQUISE DE), ARMANDE-FÉLICE DE LA PORTE-MAZARIN   **1743 (?)**

Portrait en Muse, gravé dans l'ouvrage de M. Paul Fould, *Anecdotes curieuses de la Cour de France par F.-V. Toussaint,* Paris, 1905.

Peinture chez M. le comte Henri de Montesquiou.

NOAILLES (Comte de), plus tard Duc de Mouchy, maréchal de France   1755

Portrait gravé dans notre grande édition.

Peinture signée chez Madame la duchesse de Mouchy.

ORLÉANS (Louis, duc d')   1732

Portrait gravé dans notre grande édition.

Peinture chez M. H.-L. Bischoffsheim. Répétition à Hertford House.

ORLÉANS (Duchesse de Chartres, puis d'), Louise-Henriette de Bourbon-Conti   1744

Portrait gravé au burin et à l'eau-forte par Jean Patricot. Il est gravé dans le livre de Lady Dilke, *French Painters of the Eighteenth Century*, Londres, 1899, et dans la présente édition. L'exemplaire de M. Otto Kahn, ayant appartenu à Madame la baronne de Gartempe, reproduit en couleurs dans notre grande édition, présente plusieurs variantes.

Peinture signée au musée de Stockholm. (Voir le Catalogue de M. Georg Goethe, Stockholm, 1900, p. 217. Cet original est daté de 1744.) *Autres peintures chez M. Otto Kahn et chez Madame Burat (composition réduite).*

ORLÉANS (Duchesse de Chartres, puis d')

Portrait gravé dans l'ouvrage d'Anatole Gruyer, *La Peinture au château de Chantilly*, Paris, 1898. Une grande estampe du xviiie siècle donne le même portrait : Nattier pinxit. Hubert sculpsit.

Peinture au musée Condé, Chantilly.

ORLÉANS (Duchesse de Chartres, puis d')   1744

Portrait en buste dans un ovale, paraissant gravé d'après le tableau de 1744, qui représente la princesse en Hébé, avec des fleurs sur les cheveux et une guirlande descendant de l'épaule. Gravé par Desrochers à l'occasion du mariage. Six vers se lisent sur le cartouche :

> Jeune princesse, ornement de la France
> Et l'amour d'un Époux moins grand par sa naissance
> Que par son cœur et sa bonté,
> On ne saurait t'offrir un portrait plus sincère
> Qu'en disant : tes vertus et ta rare beauté
> Égalent la valeur de ton illustre père.
> M. Moraine.

A Paris, chez Petit, rue Saint-Jacques.

PENTHIÈVRE (Duc de), Louis - Jean - Marie de Bourbon   1740

Portrait peint dans un ovale soutenu par une figure nue laurée. Le jeune prince, qui peut avoir une quinzaine d'années, est de face, vu jusqu'à la ceinture, en cuirasse, sans les mains. L'inscription est ainsi conçue : Lu. Jo. Ma. de Bourbon dux de Penthièvre supre. in Gallia maris præf. L'exemplaire conservé au Cabinet des Estampes paraît un fragment d'une gravure plus grande. Le nom de Nattier n'y figure pas.

Peinture dans la famille de Barail.

PESNE

Portrait d'un artiste de la famille Pesne, gravé dans notre grande édition.

Peinture chez M. le duc de Fezensac.

PICART (Bernard)   1709

Ce portrait du graveur parisien, gravé par Verkolje en 1715, est décrit ci-dessus, page 12.

PIERRE Iᵉʳ, EMPEREUR DE RUSSIE 1717

Ce portrait est gravé dans un ovale portant l'écusson de Russie, avec les indications suivantes :

PIERRE LE GRAND, EMPEREUR DE TOUTES LES RUSSIES

Peint par J.-M. NATTIER, membre de l'Académie royale de Paris. Gravé par E. TCHEMESOFF, élève de l'Académie impériale des beaux-arts de Saint-Pétersbourg.

Cette gravure a été répétée par G.-G. ENDNER.

Peinture au musée de Versailles.

POMPADOUR (MARQUISE DE), née JEANNE-ANTOINETTE POISSON 1748

Portrait gravé dans notre grande édition. Il l'a été au xviiiᵉ siècle, la première fois dans le sens contraire à celui de la peinture. Le buste est dans un ovale, entouré d'attributs que décrivent les vers suivants, donnant la date de l'estampe :

Mᵉ LA MARQUISE DE POMPADOUR

Une beauté non loin du noir cyprès
Et ce flambeau qu'hélas ! on voit s'éteindre ;
D'aimables fleurs se flétrissant auprès
Diraient assez qui l'on a voulu peindre.

NATTIER pinx. CATHELIN sculp. J. D. S.

La seconde estampe est gravée par Le Beau, d'après Queverdo ; mais c'est le même portrait que celui qu'a gravé Cathelin, et Queverdo n'a dessiné que le cadre. Des reproductions sans valeur ont été faites d'après ces estampes. La peinture de Saint-Omer est gravée dans la *Gazette des Beaux-Arts* de 1904. Le portrait de Versailles, considéré à tort comme représentant la duchesse d'Orléans, a été gravé au burin et à l'eau-forte par Lionel Le Couteux.

Peinture signée au musée de Saint-Omer. Répétition au musée de Versailles. Esquisse chez M. Thiébault-Sisson.

POMPADOUR (Marquise de) (?)

Portrait fort incertain. Le modèle est assis sur un tertre, près d'un tronc d'arbre, la tête inclinée sur l'épaule droite, et tient une guirlande de fleurs. La lettre de l'estampe porte : « Mme de *** en Flore. »

Nattier pinxit. Voyez le Jeune sculp. Se vend à Paris chez Basan.

PRIE (Marquise de), née Agnès Berthelot de Plé-neuf   1720 (?)

Portrait attribué à tort à Gobert, gravé dans *Louis XV et Marie Leczinska*, de P. de Nolhac.

Peinture chez M. le baron de Baye.

RANCHÉ (Madame de), née Suzanne Pellerin   1753

Portrait gravé dans le *Magasin pittoresque* de 1902.

Peinture signée chez M. le baron Guillibert.

ROYER (Jean-Nicolas-Pancrace)

Portrait du musicien, gravé dans l'ouvrage intitulé : *Maîtres du XVIIIe siècle. Cent pastels*, texte de M. Roger-Milès. Paris, 1908.

Pastel chez M. S. Bardac.

ROYER (Madame)

Portrait gravé avec le précédent.

Pastel chez M. S. Bardac.

SAVIGNY (Mademoiselle de) (?)   1748

Portrait gravé dans l'ouvrage intitulé : *Cent chefs-d'œuvre des collections parisiennes*, Paris, 1888.

Peinture signée chez Madame Livingstone Sampson.

SAXE (Marie-Josèphe de), dauphine de france   1751

Portrait désigné à tort jadis comme celui de Madame Henriette, gravé dans la *Gazette des Beaux-Arts* de 1905 et dans *Louis XV et Madame de Pompadour*.

Peinture signée au musée de Versailles.

SAXE (Maurice, comte de)   1725

Portrait gravé dans l'ouvrage de Lady Dilke, *French Painters of the Eighteenth Century*, Londres, 1899, et dans notre grande édition.

Peinture signée au musée de Dresde.

SOMBREUIL (Madame de) (?)   1746

Portrait en Muse Érato, avec un enfant en Amour, gravé dans notre grande édition.

Peinture signée chez M. Pierre Lebaudy.

SOPHIE (Madame), Sophie - Élisabeth - Justine de France   1748

Portrait gravé au burin et à l'eau-forte par Armand Mathey, et en couleurs dans notre grande édition.

Peinture signée au musée de Versailles.

TOCQUÉ (Louis)   1759

Portrait gravé dans notre grande édition. La gravure du xviiie siècle porte la lettre suivante :

LOUIS TOCQUÉ

Peintre ordinaire du Roi, Conseiller de l'Académie royale de peinture et de sculpture, Associé de l'Académie royale de Danemark — Né à Paris en 1696, mort en 1772.

Peint par J.-M. Nattier. Gravé par L.-J. Cathelin.

Peinture signée au musée de Copenhague (provenant, ainsi que le portrait de Nattier par Tocqué, des collections de l'Académie royale danoise). Répétition chez M. le comte Le Marois.

TOCQUÉ (Madame), née Marie - Catherine Nat-
    tier   1752

    Portrait gravé dans notre grande édition.

    Peinture signée chez M. David Weill.

TURENNE (Princesse de), née Louise de Lorraine 1746

    Portrait gravé au burin et à l'eau-forte par Lionel
Le Couteux, et dans notre grande édition.

    Peinture signée au musée de Versailles.

VICTOIRE (Madame), Victoire-Louise-Marie-Thérèse
    de France   1748

    Ce portrait désigné à tort autrefois comme celui
de Louise - Henriette de Bourbon-Conti, duchesse
d'Orléans, a été gravé au burin et à l'eau-forte par
Armand Mathey. Il est gravé dans notre grande édition.

    Peinture signée au musée de Versailles.

VICTOIRE (Madame)   1750

    Portrait en Élément, gravé par R. Gaillard. La
lettre de l'estampe porte les indications suivantes :

MADAME MARIE-LOUISE-THÉRÈSE-VICTOIRE DE FRANCE
                         L'EAU

J.-M. Nattier pinxit, 1756 *(sic)*. R. Gaillard sculp. A Paris,
chez Joullain.

> Sur d'éternelles loix je mesure ma course
> Avec plus de lenteur ou de rapidité,
>   Toujours avec la pureté
> Que l'on admire dans ma Source.
>
>   Par Mᵣ Roy, chevalier de Sᵗ-Michel.

    Gravé d'après un des quatre tableaux du Cabinet de Mgr le
Dauphin, à Versailles.

    Il existe une imitation en manière noire, signée
J.-S. Negges, sc. et exc.

VICTOIRE (Madame)

Portrait en corsage décolleté, gravé au burin et à l'eau-forte, dans un petit médaillon, par G.-L. Beausse, dit Biosse. La lettre porte :

MADAME MARIE-LOUISE-THÉRÈSE-VICTOIRE DE FRANCE
Nattier pinxit. G.-L. Biosse sc. A Paris, chez Esnauts et Rapilly.

VINTIMILLE (Marquise de), née Pauline-Félicité de Mailly
1743

Portrait en Flore, gravé dans notre grande édition. S'il représente Madame de Vintimille, il est posthume.

Peinture signée chez Madame Eugène Roussel.

VINTIMILLE (Marquise de)

Composition gravée avec la lettre suivante :

LA NUIT PASSE ET L'AURORE PARAIT
Nattier pinxit. Malœuvre sculpsit.

C'est une figure portée sur des nuages, jetant des fleurs de pavot et d'autres fleurs; un petit génie, l'étoile sur le front, paraît derrière elle tenant un flambeau. Portrait supposé de Madame de Vintimille. Le catalogue de la collection du baron de Beurnonville, Paris, 1884, contient une gravure de Gaujean avec le nom de « Madame de Châteauroux ». Le dessin de cette composition est dans notre grande édition.

Peinture chez M. le comte Henri de Castellane.

On publiera un portrait de BEAUMARCHAIS, daté de 1755, appartenant à M. Delarüe de Beaumarchais.

Trois autres compositions de Nattier ont
été gravées au xviiie siècle :

« NUL AMOUR SANS PEINE, NUL *(sic)* ROSE SANS ÉPINE »

Une jeune femme presque nue fouette l'Amour d'un
bouquet de roses. Au premier plan sont un carquois, un
arc et deux colombes. Encadrement ovale. La lettre porte
les vers suivants :

> Rien n'est exempt d'amour ; quand un cœur est sévère,
> C'est qu'il n'a point trouvé l'objet fait pour lui plaire.
> Souvent trop tard, hélas ! un tendre engagement
> Nous prouve qu'on ne peut être heureux en aimant.
> Tel est de ce Portrait la fiction badine,
> Le peintre nous fait voir par ce bizar retour
> Que jamais il ne fut de Rose sans épine,
> Et que les déplaisirs accompagnent l'amour.

J.-M. NATTIER inv. et pinx. B. L'ÉPICIER sculpsit. A Paris, chez
Duchange, graveur du Roy... 1720.

« LES AMANTS »

Une jeune femme tend son verre par-dessus l'épaule
d'un jeune homme, qui lui verse à boire en lui tenant la
main. Une assiette de fruits est sur une table abritée par
un feuillage de vigne. Cette composition reproduit une
peinture du musée de Lille. La lettre de la gravure porte,
sous le titre, les vers suivants :

> Cette liqueur brillante et pure,
> Simbole de sincérité,
> A ces tendres amans assure
> Le serment mutuel que l'amour a dicté.

Mr ROY.

Peint par J.-M. NATTIER. Gravé en 1751. A Paris, chez Joullain.

« FLORE A SON LEVER »

Une figure dans les nuages, jetant des fleurs, dont
quelques pavots. C'est probablement un portrait. La
lettre porte :

Peint par NATTIER. Gravé par MALŒUVRE. A Paris, chez Basan.

La composition peinte est reproduite au catalogue des
tableaux provenant de la succession de Madame Maurice
Richard, Paris, 1899.

LISTE DES ŒUVRES

EXPOSÉES PAR

JEAN-MARC NATTIER

AUX SALONS DU LOUVRE

1737

1. LA JUSTICE QUI CHATIE L'INJUSTICE.

2. *Un tableau de 6 pieds sur 5 de large, représentant* MADEMOISELLE DE LAMBESC, *de la Maison de Lorraine, sous la figure de Minerve, armant et destinant* Mʳ LE COMTE DE BRIONNE, *son frère, au métier de la guerre.*

   Musée du Louvre.

3. MADAME LA MARQUISE D'USSÉ.

4. *Un dessin représentant* MADEMOISELLE DE CLERMONT EN DÉESSE DES EAUX DE LA SANTÉ.

1738

1. *Un grand tableau en hauteur, de 10 pieds sur environ 6 de large, représentant le portrait en pied de* Mᵣ LE CHEVALIER D'ORLÉANS, GRAND PRIEUR DE FRANCE, *commandant sur un port de mer.*

2. *Un tableau représentant* MADEMOISELLE DE ROHAN, FILLE DU PRINCE DE GUIMENÉE, *mariée depuis peu à M. le marquis de Crèvecœur, fils du prince de Masserane en Espagne, sous la forme d'Hébé, déesse de la Jeunesse*

3. *Autre représentant* MADEMOISELLE DE CANISY, ÉPOUSE DE M. LE MARQUIS D'ANTIN, VICE-AMIRAL, *tenant une perruche.*

Chez Madame Édouard André.

1740

Un tableau de 4 pieds en carré et représentant LA PRUDENCE.

Chez Madame la marquise de Trévise.

1741

Deux grands portraits : Celui de MADAME LA PRINCESSE DE ROHAN, *tenant un livre.*

Chez M. le baron Henri de Rothschild.

MADAME LA COMTESSE DE BRAC, *en Aurore.*

1742

1. *Un tableau représentant le tableau de feue* MADEMOISELLE DE CLERMONT, PRINCESSE DU SANG, *surintendante de la Maison de la Reine, représentée en Sultane sortant du bain, servie par des esclaves.*

Collection Wallace, Hertford House.

2. *Autre plus grand représentant le portrait de* MADAME BONIER DE LA MOSSON, *revenant de la chasse.*

Chez M. Knoedler.

1745

1. MADAME ADÉLAIDE DE FRANCE, *représentée en Diane.*

Musée de Versailles.

2. *Un portrait représentant* M. LE DUC DE CHARTRES, *peint en guerrier.*

3. *Celui de* MADAME LA DUCHESSE DE CHARTRES, *représentée en Hébé, déesse de la Jeunesse.*

Musée de Stockholm.

4. *Autre de* MADAME LA DUCHESSE DE CHAULNES, *aussi en Hébé.*

Chez M. Carlos de Beistegui.

5. *Un tableau chantourné, représentant* LA FORCE.

Chez Madame la marquise de Trévise.

6. *Un buste de* M^r LE GRAND PRIEUR.

7. *Le portrait de* MADAME LA MARQUISE DU CHATELET, *tenant le livre de l'Institution Physique, qu'elle a composé.*

1746

1. *Le portrait de* Mr BONIER DE LA MOSSON, *dans son cabinet.*

Chez M. Cahen d'Anvers.

2. MADAME DESFOURNIEL, *représentée en Hébé.*

3. M. DE BESENVAL, *en guerrier.*

Chez M. le prince François de Broglie.

4. MADAME ***, *représentée en Flore.*

Chez M. le marquis de Chaponay.

5. MADAME ***, *représentée en Erato, muse de la poésie lyrique.*

> Chez M. Pierre Lebaudy.

6. *Le portrait au pastel de* M. LOGEROT.

1747

1. *Le portrait de* MGR LE DAUPHIN, *représenté en cuirasse.*

2. *Le portrait de* Mr LE DUC DE CHAULNES, *en Hercule.*

> Chez M. le baron de Schlichting.

1748

1. *Le portrait de la* REINE.

> Musée de Versailles.

2. *Le portrait des deux* DAMES DE FRANCE, *qui sont à l'abbaye de Fontevrault :* MADAME LOUISE, *tenant des fleurs;* MADAME SOPHIE, *tenant son voile.*

> Musée de Versailles.

3. *Le portrait au pastel de* Mr DE MAUPEOU, *Premier président.*

1750

1. *Le portrait de* Mr LE COMTE D'ARGENSON, *ministre de la Guerre, tenant le plan de Fontenoy.*

2. MADAME LA COMTESSE D'ARGENSON, *tenant une petite caniche.*

> Chez M. le comte d'Argenson.

3. MADAME MARSOLLIER A SA TOILETTE, AVEC SA FILLE.

> Chez M. Jules Porgès.

1751

1. *Le portrait de* MADAME LA DAUPHINE.
> Musée de Versailles.

2. MESDAMES, *désignées sous les attributs des quatre Éléments :* MADAME, DUCHESSE DE PARME ; MADAME
HENRIETTE ; MADAME ADÉLAÏDE ; MADAME VICTOIRE.

1753

1. *Le portrait de* MADAME, FILLE DE MGR LE DAUPHIN, *à
l'âge d'un an, jouant avec un petit chien.*
> Palais Pitti.

2. *Le portrait de* MADEMOISELLE (sic) INFANTE ISABELLE,
en pied.
> Musée de Versailles.

3. *Le portrait de* M^r LE PRINCE DE CONDÉ, *en cuirasse,
peint jusqu'aux genouils.*

4. *Le portrait en buste de* MADAME DUFOUR, *nourrice de
Mgr le Dauphin.*

5. *Le portrait de* MADAME BOUDREY, *représentée en muse
qui dessine ; dans le fond du tableau se voit le Parnasse.*
> Chez M. Joseph Bardac.

1755

1. *Le portrait, en pied, de* MGR LE DUC DE BOURGOGNE.
> Musée de Versailles.

2. *Le portrait, en pied, de* MADAME HENRIETTE DE FRANCE,
jouant de la viole.
> Musée de Versailles.

3. *Le portrait de* S. A. S. MADAME LA PRINCESSE DE CONDÉ.
> Musée Condé.

5. *Deux petits tableaux : l'un, le portrait de M^r ***; l'autre,
le portrait de* MADAME ***, *sous le même numéro.*

6. *Le portrait de feue* MADAME DE ROISSY.

> Chez M de Roissy.

1757

1. *Portrait de* M. LE COMTE DE MONTMORENCI, *tableau de
2 pieds et demi de haut sur 2 pieds de large.*

2. *Celui de* MADAME DE VILLETTE, *de même grandeur.*

3. *Celui de* MADAME DE MAISON-ROUGE, *peinte sous la
figure de Vénus qui va atteler des pigeons à son
char. Tableau de 3 pieds 3 pouces sur 4 pieds
3 pouces de large.*

> Chez M. le baron Maurice de Rothschild.

4. *Celui de* MADAME ***, *de même grandeur.*

5. *Celui de* MADEMOISELLE BALETY.

> Chez M. E. Kraemer.

1759

1. *Le portrait de* MADAME DE FRANCE (sic), *tableau de
7 pieds et demi de haut sur 6 pieds de large.*

> Musée de Versailles.

2. UNE VESTALE, *tableau de 4 pieds et demi de large sur
4 pieds de haut.*

> Chez M. le baron Gustave de Rothschild.

3. *Autres tableaux du même auteur.*

1761

Le portrait de feue MADAME INFANTE, *en habit de chasse.
Tableau de 5 pieds sur quatre.*

> Musée de Versailles.

1763

1. M\ NATTIER AVEC SA FAMILLE, *tableau de 4 pieds 1 pouce de largeur sur 4 pieds 10 pouces de hauteur.*

Musée de Versailles.

2. *Deux tableaux représentant, l'un un* CHINOIS TENANT UNE FLÈCHE, *et l'autre une* INDIENNE. *Ils ont 1 pied 8 pouces de haut, sur 1 pied 6 pouces de large.*

NOMS DE PERSONNAGES
DU XVIIIᵉ SIÈCLE

TABLE DES ILLUSTRATIONS

TABLE DES MATIÈRES

Imprimerie Manzi, Joyant & Cie. — Paris